Tria Mons in Lingua Latina Reviviscunt

****

The Mummy, Frankenstein
and Count Dracula
Reimagined in Latin

****

&

Libitina Mea Nympha

*Spectaculum
Noviter et Solute Narratum*

****

TEMPORA LONGA TIBI NOLI PROMITTERE VITAE
QVOVSQVE INCENDIS SEQVITVR MORS CORPORIS VMBRA

T J PRICE

MindMyBunion Press
ISBN: 978-1739327323
All rights reserved
© 2024 T J Price

FABELLAE

SICARIVS MORTVVS 1

DE REBVS VICTORII FRANKENSTEIN 29
INSOLITIS GESTIS

COMES DRACO 57

LIBITINA MEA NYMPHA 119

SICARIVS MORTVVS

I

Anno Domini millesimo octingentesimo octogesimo quarto in Britannica, Oxoniae, in aedibus altis angustisque ab maioribus aedificatoribus abhinc annos permultos e lapidibus magnis constructis, David, qui per quattuor aestates brumasque iam medicinam ediscebat artem, ut sibi pecuniam liceat meritare utcumque eam exerceat sic victum honeste quaerat, quadam nocte male dormiens improviso sensit se subterraneo in conclavi sibi ignoto stare nec se movere posse neque scit quidem qua eo pervenisset. Ibi autem aliquot mensas marmoreas vidit, quibus in singulis corpus siccum, ex Aegyptiarum more fasciis multis involutum, quod *mummia* vocatur, iaceat.

Repente murmurationem insolitam audit simul ac deformia cadavera quassantia vapores agere incipiunt et eorum fascias se evolventes in pavimentum cadere.

Reviviscunt mummiae. Surgunt. Ululant. Is autem, cum sibi has larvas fugere vires desit, in terrore manibus oculos operit, sed iam interim malae a digitis frigidis mulcentur nec desinunt donec is non potest facere quin manus dimittat et tales formidolosas inspiciat, quales nullus mortalis diu tolerare possit, atque adeo fetore quisque absorbebatur, qui aliquid mali mortiferique significat, tam noxio ut, naribus oppletis, anima paene eripiatur. Sane summa vi se e quiete exuere nititur, nunc tamen manus ungulis longis a tergo cervicem attingunt.

Expergiscitur.

Cum postremo rursus respirare potuisset, sibi, 'Ehem,' inquit, 'non veri simile est plus illius rei posse me sustentare.' Vix autem haec verba expresserat, cum per aedes magna vociferatio habetur. 'Dii superi!' inquit. E lecto salto, e conclavi properatus cucurrit, nam hoc ululatum, a nullo praeter Henricum, hominem privorum morum, qui inferiorem tabernam pro domicilio habebat, fuere datum intellexit. Praeceps igitur descendit, ubi in scalis alteram partem petenti Gulielmo, qui aliis studet et iisdem in aedibus inhabitabat, occucurrit pallido et partim vestito.

'David,' inquit, 'te iam peto, quaeso ut mecum venias, qui medicus Henrico succurras, nam videtur proximum esse ut mortuus discedat.'

Contenderunt ergo in conclave ad Henricum in cathedra sedentem collapsum, qui ex spirito laborabat, cuius frons sudore manabat et labra erant subcaerulea.

Gulielmus, 'Eheu,' inquit, 'moriens pro certo.'

'Haud scio an animo modo linquatur. Age, eum in lecto reponamus, ut facilius recreet.'

Hoc facto, camisia laxata, David, dum eius frontem panno madefacto detersit, ab Gulielmo quaerit, num ille medicamento utatur.

Respondens, 'Non utitur,' inquit, 'id quod testimonio confirmare possum, cum sororis ille sponsus sit, experimentis solitis parentes illius morem integritatem certe esse iam probaverunt, licet eum in historia Aegyptia totus neque alia didicerit, vel vix umquam consultet. En.' Demonstravit multas res in conclavi dispositas, verbi gratia mentionem facimus effigies bubonum adesse, item felium, bovium, ciconiarum, Aegyptias statuas etiam, quibus Idis, Horique sigilla non desint. Cum praecipue siccum crocodilum dependentem ex tecto oculi Davidis attoniti cepissent, is, 'Qualis belua,' inquit.

'Quin etiam respice,' inquit Gulielmus, 'atque consideres eum, qui in mensa cubat.'

'Vah!' Mummia vero hominis ibi iacet perquam taeter. Iuxta illum, ut obiter animadvertit, antiquum volumen depositum est. Illius sarcophagus pariete fultus est in angulo. 'Hanc me,' inquit David, 'paulo commovere confiteor. Qualis contubernalis. Sed nunc aspice, illius amicus ad se reduci incipitur.'

Ille, stupore gradatim dissoluto, mox non iam alienus ab se visus est, certe, hiis conspectis, e lecto repente exsiluit, ut volumen antiquum in mensa relictum abriperet et in arcem conderet. 'Quid rei est?' inquit. 'Cur adestis?'

Gulielmus, 'Ululabas,' inquit, 'ut si vulnera accepisses. Davidem medicum, quia te stupefactum inveneram, ad te sanandum adduxi.'

'Em, David, gratiam tibi ago. Te tantummodo praesenti iam me refici sentio, ut factum persaepe est ubicumque medicus praesto est. Valdius in tua arte esse te rendum nobis. Fortasse aliquando nescio quem etiam ex inferos reduces.' Sed, sic dictis, vultu renovo metu subducto consessus, coepit cachinnare tamquam si deliret.

David, 'Heus,' inquit, 'istuc omitte. Video enim te prorsus confectum esse. Moneo te ut abscedas ab usu studendo per noctem, potius quam placide somno.'

Abnuit et, 'Non hoc concilium,' inquit, 'facilius caperes, si tu, quid viderim, vidisses.'

'Sed quo valent istaec?'

Henricus tamen, perinde ac si se imprudentia dixisse existimavit, subiicit haec, 'At nugas locutus sum, nam, ut dicis, tam parum somni iam capire soleo, ut defessus per somnulentiam haluciner. Hoc, probe, quod admonuisti, observabo. Ceterum, velim, parce vestra, pavum sermonis in vino habere vobiscum, quo brevius, praesentes, mihi aequiorem animum referatis, dummodo autem conformet ad voluntates.'

Non negaverunt. David tamen exigit ut, cum ibi aer crassus insalubrisque esset, fenestra salutis causa late recluderetur et, hoc facto, interrogatus ab eo Henricus num thus combusserit, 'Non multo erras,' inquit, 'balsamae enim resinam cremavi. Ecce.' Prompta folia, quae non dissimilia erant palmae foliis, a mensa, a latere mummiae, sublata in lampadis flamma breve tenuit, exinde folia usta vapor odoriferum agunt. Dein inquit, 'Nonne aromaticus odor ad animum alia tempora revocat?'

David, 'Quaeso,' inquit, 'istius satis et superque,' 'naribus iam sensimus, neque quocirca miror, cum hunc in pulmones diu duceres, te ex animo conturbatus fuisse. Denuo moneo ne quid hic aliter facias quam, fenestra operta, dormias, ut ad minimum omnes noctu pace fruamur.'

Henricus rursus abnuit. 'At quod cupidus sum discendi, id non attingam, si nihil facerem nisi antiquissima scripta legerem, quia maiorum verba hiis rebus, quae nobis aut insolitae sunt aut etiam ignotae, conveniunt, itaque mihi necesse est talibus uti, quales illis fuissent praesto adsuetaeque, potissimum eae, quas sacerdotes illi maximi aestimare soliti sint, sicut has in conclavi depositas videtis.'

David subridens, 'Num tu,' inquit, 'hac mummia uteris ut exquisitius scripta legas?'

'Quidni? Nonne est magnificus is? Conditus abhinc annos quattuor millia, sed tu medicus cernere potes eum, tamquam si mortuus heri discessisset, videri. Agedum medice, quaeso, amicum meum, quasi tuum sit aegrotum, scruteris. Quod nullum morbi invenies, id tecum pignore certam.'

David nempe attentus medicinae, quod rogatus est fecit, et facile, quia in multis partibus infulae erant evolutae, tandem illum ad exiguum tempus inspectum declaravit nequaquam putrefactum esse, neque etiam quoquam vulnero extrusus esset e vita facile apparare, non posse tamen quin diceret quantum scelestum ex vultu instantis tyranni videri et certe taetriorem.

Henricus quaerens, 'Quin,' inquit, 'tu non pulchre dicis, lice paulo taetrum sit, id confiteor, quid mirum post tot annos? Adde quod in culpa vix est, si in balineis publicis lavari numquam licebat. Item trux in vultu tu ipse ostendas si tam diu inter tempora calamitosa mala fortuna te admodum abusus fuisset, ceteroquin, in hoc mecum consenties, quamquam haud perbelle sit ille, insigni proceritate praeditus esse, ex quo optimatem olim fuisse equidem censeo, quem quidem vide, ne fuisset regem, vero tamen scito haud vilis fuisse, quando eum auctione emerem, magni certe licebat ob multorum, qui idem efficiant, cuius habeo cupiditatem.'

Gulielmus, his eius novissimis inexplicabilibus praetermissis, non ridens, 'Quid nomen tuo amico est?' Inquit. 'Peto id, quod velim sororem sciat quem ad modum se hospitem istius antiquum vocet.'

'Quomodo eum accuratione alloquar, non poteram adhuc reperire. Ego eum, cum ad hastam res venalis CCIVIX designata sit, item ego appello.'

Hic illo, 'Soror mea, nisi fallor, hoc nomen non satis honestatis habebit.'

David autem Henrico, 'Ptolemaeum nuncupare potes. Nonne regem olim Aegyptii populi fuisse iam audimus? Equidem malim, valetudinis causa omnium, et istum cremes et aliis operam animumque des. Sed satis te admonui, nunc denique, te recreato, mihi cubitum abibo. Gratias meas habe ob poculum vini, in quo certe nasus et gustusque tibi sunt.'

Sed Henicus parum attentus videtur, rem venalem CCIVIX submisse voce sic alloquitur, 'Ptolemaeus? Quid tu, amice, nominis sentis?'

II

David, ab Henrico, quod tam benignus fuisset, in dies postea visitare comiter advocatus est et in eius conclavi moratus multa de Aegyptiis ut audiebat, ita brevi hunc fortasse magno ingenio praeditum intellexit, aliquanto autem vesania quoque, non solum quod res ab illo exploratae vix credibiles videbantur, sed etiam quia ad multam noctem in suo consedens conclavi, hunc in privo audire poterat, magna voce adeo vehementer se orare, ut ipse a sonitu lucubrans ab suis studiis distraheretur. Cum de re cum mentio postridie facta esset, hic subiratus haec dixit: 'Cum amico quodam ibicem avem me egisse.'

Tunc huic: 'Ibicem, utpote controversiam facit, cur apud te insidere sinis?'

'Numquam meus avolare poterit, quia ligneus est, inprospere. Verum Aegyptii sibi ibices aves olim viventes nonnullos exsiccabant, fasciis involutis, conditis cum mortibus, qui se in alterum mundum comitarent, item multas simias et alias multifarias, omnino rigidas, non nego, sed existimandae non admodum immedicabiles, tametsi nulli earum quoad hoc tempus a me inventi venales sunt. Sed, quid tu? Quaesivistine e me aliquid?'

'Amice, me id fugit.'

Sic monitus, ut saepius, hunc aliquando vecordem esse, in praesens rem dimissit, postridie autem eius ipsius diei e domestico servo, qui partem infra in aedibus inhabitabat et earum curationem exercebat, petivit, Quem Henricus in conclave noctu nuper exceperit? Oporteret sibi inquire, etsi aliquid probri esse videretur, cum alte sermone paulo esset vexatus. Respondit autem ille non esse qui sic aliena boni viri alicui referre deberet.

David, 'Bene novisti,' inquit, 'medicum futurum me, neque sum cui regulum, ne hoc in loco alio per noctem utatur, aliquid curae sit, at, allocutionem sibi factam saepe audivi, et de viro fortasse aegrotante, e mente laborante, sollicitari incipio, itaque si praetereas conclave eius et auribus capias admodum insolitas ac solum intus certe sit tibi, velim mihi nuntiam afferas. Scilicet probe nihil eius negotii cum aliis ad me attinet.' His dictis non fefellit quin paucos nummos adiceret.

Postea, haud autem multo, Henrici data ratione homo retulit his verbis, 'Sub vespere ille exiit, ianua obserata, ut ego experimenta mox cognovi, sed hoc facto simul nescio quem adhoc esse intus percepi per eius alienam vocem, ferocissimam, usa autem est talibus verbis, qualia numquam prius audivi. Plane erat aliquis, cui numquam occurri, neque voce illa audita umquam in perpetuum spero.'

David, his parumper deliberatis, 'Magni interest,' inquit, 'ut nihil rei cuiquam referas, nam nunc conspicor non esse eum, qui me medicum utile consulat, et haudquaquam me decet eius proprias res invadere.'

Is, vesperi ipsius diei, in suo conclavi cum Herico, qui venerat visitatum, de Aegyptii monumenta agebat, cum aliquem infra egredi ex eius conclavi et coepere scalas ascendere exaudit et ubi rei mentionem sane facit, Henricus permotus, 'Non potest,' inquit. 'Certus sum quod ianuam obseravi.'

'Quin tuam ianuam patefacere aliquem audivi, qui fortasse nos petit, nam nescio quis scalis ad nos accedit, nonne iam audis?'

'Maneas, quaeso, citius dicto redibo.' Egressus, ob suum conclave se deferre incipit, sed in scalis consistit, ut David potest audire, et susurris verbis factis properans descendit ianuamque conclavis obserat, continuo, ore pallido, fronte a sudore madefacta rediit.

David, cum satis spiritui illi deesset ut vocem

sustineret, est primus locutus. 'Quid rei erat?' inquit. 'Hospes tuus visitat, opinor, libetne expectare? Nolim te detinere et istum incommodare.'

'Nullus hospes neque ullum genus invasoris erat, nihil autem agitabatur praeterquam canis meus ex conclavi vagabatur me desiderans.'

'Quanta ingenia est in isto cane, qui ianuam reserare potest.'

'Contra, de eo natura non admodum fecit, nam praecipue stultum animal est, immo accidit ut ianuam, contra quod affirmavi, obserare neglexissem.'

'In aedibus numquam hiis multis mensibus canis vox semel auribus meis offendit.'

'Imperitus est ianuas aperiendi, in tacendo autem, omnes alios canes praeterit, quare ad usque hanc noctem eum in conclavi teneri non suspicaris. Sed utilior si latret, id non nego, sic ut bona defendat, quam ob causam cras eum vendam.' Tunc e marsupia *scarabaeum* smaragdinum exprompsit et pro horologio inspectavit. 'At hora adest qua in mihimet festinanter abeundum, si ad constitutum rei de cane agendi foras cum viro quodam in tempore perventurus sum.'

Discessit conclavi, item aedibus, sed haud diu post, cum suspendo pede (quamquam eum David poterat exaudire, quod inhabilis et laeve se gerit homo ponderosus) scalis ascendis regressus est in conclave. Vecordem, at ceteris sine periculo esse iudicans hunc David deninque e mente demisit, et ut studiis opera daret in ipso eo erat, cum Ernestus amicus intrat colloquium habitum atque permultas vero nugas animi causa eiecit antequam, 'Modo modo alicuius rei reminiscor,' inquit. 'Sed quisquisne tibi novum Alfredi iam attulit?'

'Nihil. Id interest?' Tamen sibi clam dicit, *Se studere maximi interesse*.

'Nemo dum negavit plurimi interesse. Petitus est vi heri noctu prope portas Institutae Universitatae.'

'Papae. A quo?'

'Nihil est oppugnatoris conspicatum, quod locus est obscurus et ille, est mirandum, ex arbore, ulmo ingente, allapsus desiluitque ad eum strangulandum, id quod paene perfecit.'

'Qualis homini fuerit, me rogo.'

'Ferocissimus videlicet, quod amicus nostri talia vulnera in cervicem accepit, qualia ferae ungues indicarent.'

'O infandam. Sed quid noster?'

'Bonam valitudinem tandem recuperabit, at nisi aliquis praeteriens succurrisset aliter se res habuisset, ab illis scelestus autem depulsus tenebras iniit, effugit.'

'Ille probrosus certe est formidolosus. Speremus fore vigiles propudium mox deprensuros.'

'Esto. Quemdam autem novimus, qui scelerum facilius ignoscat, si recte iudico.'

'Vera tu dicis? Quis apud nos tam pravus potest?'

'Henricus, cui amicus noster odio est, item in vicem, ex hoc tempore cum altercationem habuerunt.'

'Qualis altercatio Hericum in talem sensum ducere potuisset?'

'Alfredus eius Ptolemaeum maledixit, quod is obscenus olim certe latrinarum cloacarumque antistes fuisset.'

'Hoc rediculum est quod Ptolemaeus ipse non iuste negare potest.'

'Certe bene dicis, multae famae sunt, male audit Ptolemaeus, sed Henricum autem opinor non esse, qui indignans contumelia in amicum sui facile praetereat nec multo discredo siccario pretium tribuere potuisse, aut etiam nunc rei paenitere.'

'Insanus licet sit, ut censeo, sed tam malum non possum habere.'

'Habeo. Non ego solus. Dixi famas sunt. Ceteri consentiunt.'

'Homines saepius inter se perperam pronuntiant quam recte iusteque cogitant, cor enim cerebro praevalet. Pro fama illa quid potest quisquis experimenti ostendere?'

Ernestus autem contra morem grave, 'Saepius scimus,' inquit, 'quae non ostendere possimus, potissimum cum de hominibus dicimus.'

'Non constat istuc exercendo medico, sed ad hoc neque ampius tecum possum consentire, eum propemodum insanum esse. Non malum autem aestimo.'

'Nonne sunt eadem res?'

'Estne quis vecors malo aequus? Concedo difficillimum sit hunc ac illum dignoscere. Fortasse eius caput rimari possimus ut verum decernamus.'

Ernestus mite irrisit. 'Chirurge, tibi solo manum adhibendum, sed cura ne caput eius casu praecidas.'

'Sed sic exercebo medicinam si plus temporis tero in garriendo, ob quam causam me condam cum libris, ad scientem intendam, ut qui dignus sim, qui peritus, non ineptus vocer.'

'Utinam Deus tibi gratificetur, sic precor, optime, exinde plurimum possit in via strata, *Harley Street*, dummodo autem et ibi me sanari promittas, si forte malam nanciscar et nunc, me valde esuriente, prius exeamus cenatum, quam austerum ieiuni consilium inter graves tuos libros observare incipias.'

'Fiat. Famem enim sapientissimus haud utiliter servat.'

III

David, ventris cavo quidem accurato, omnibus, Herico quoque, aditum non offerre dum solus per aliquot dies cum libris secum haberet destinavit. Undecimo die autem, se solitudinis taedere coepit et foras magis placere ut remissus aliquid delectationis peteret, sed, conclavi relicto, in gradibus exiturus Henrici ianuam praeteriens iurgii strepitum exaudit. In opaco se abdit simul atque ex conclavi Gulielmus primus egressus, Henricus secutus, uterque os durissimum ostendit. Illi hic submissa voce, acerba vero. 'Te,' inquit, 'istarum paenitebit si promissum non feceris.'

Gulielmus, 'Vocem reserva,' inquit. 'Extremum modo est numquam, pactione nuptiali detersa, te sororem meam in matrimonium ducturum sperare neque umquam quidem rursus, dum aut ego aut amici vivant, eam accedere.'

'Noli de femella sollicitari, rerum propriarum enim sola mea interest atque priva mea numquam in medio cuiquam exponenda, perinde ac promisisti. Dum id feceris, egomet meum nihili te ac suos faciam.'

Gulielmus periratus, 'Scilicet,' inquit, 'fidem praestabo, si istum teque includas moderarisque. Si res se habebit aliter, fidei nihil. Burstirape.'

'Vah. Quin tacito, amice, nunc semperque, si, verbo dato, tibi istam fidem habeam velis.'

Statim seiunctis, aliam partem alius petit.

David tum demum, ne inventus sit, furtim se subduxit, gradus descendit neque amplias audire vult rei, quae inter eos evenisset neque conicere quid Gulielmus promitteret, nam est certe medici de hominibus prudentia accurate uti, utpote qui aegrotantes cum pecunia accederent, numquam de se ullum privi alios comperere vellent. Egressus, flumine viis angustis petito, in ripa, quae frequentabatur, quia remiges in scaphiis certabant, cum inter quos in liquida esset Ernestus contendens, constitit, ut eum ceterosque spectaret, deinde spatiabatur ad multum diem, caelo inferioribus arridente, aeribus salubris, quos iam diu reliquerat, fruebatur.

Sub vesperum, in via ferente domum, a Gulielmus, qui eum quaesiverat, repente accedit detinetque. 'Optime,' inquit, 'et laus superis quod prius te docere possum, quam aliquid infelix fiat. Scito me e conclavi migrasse ad villam parvam, ecce, eam potes in altera ripa sitam videre. Moneo te ut item in alia habites, neve Henrico rursus utaris.'

'Sed quamobrem?'

'Promissi me rem in lucem non prolaturum, at dicam autem hominem, ob id, cui clam studet et cum ad perniciem dandam proclivis sit in aliis, quicumque apud eum versentur, in te etiam, valde probabile erit, inferre mortem.'

'Dicis? Sollicitus haec audio, non nego, sed ibi genio adhuc indulgeo, sed praeter hoc, si convasem, haud fructuosa negotia agitari existimem, dum maxime studiis, quae mea maximi interest, me consecrandum est. Porro, Henricum non timeo.'

'Quem te timere debet profecto non est Henricum.'

David paulo iratus, 'Quo agis cum istis?' Inquit.

'Plura autem dicere non possum, non quod aut nihili vitam tuam quidem faciam aut etiam maximi meam, sed ne Leto sororem tradam fides retinenda, itaque silentio abibo nullo dicto praeter hoc, si quis easdem aedes teneat, proximum fore ut alicui perquam mali is obviam faciat. Vale.'

David perplexus illum evadere coepere aspiciat, aliquantum temporis meditabatur, sed quid faciat? Edere utique. Frusto in taberna sumpto, regressus, domi scalis semi-ascensis, dictarum nuper ab amico memoriam tenens curiositate Henrici ianuam esse paulatim patefactam animadvertit, tum curiosior prudenter partim se intromisit, conclavi perlustrato, videt omnia, quae iam saepius viderat, praeter et Henricum ipsum et Ptolemaeum mummiam.

Sibi, 'Bonum est,' inquit, 'quod istum amovit. Opinor Ptolemaeum ei multo alienum fuisse, ne dicam nobis ob morbum antiquum. Fortasse ad se paulo reductus erit, noctibus magis tranquillis fruar.'

Divertit se in suum conclave, plane defessus dormitum statim lectum petivit, et se somniis dulcibus tradito dormiebat, cum expergefacit Ernestus.

David perculsus, exasperatus, 'Quid est quod,' inquit, 'istum clamorem tam alte tollis?'

'Agedum, nam Gulielmus e flumine est nuper tractatus vix suspirans. Alius medicus non praesto est.'

Querens hic, 'Quale negotiosum officium,' inquit,

'medicus gerere oportet. Commodius fuisset me alium officium petere.'

'Amice, quare murmuras nec surgis?'

'Ecce, surrexi. Quid nunc nos detinet?'

'Num non vestitus mecum exis?'

'Vah. Ubi bracae camisiaque sunt?'

'In manibus, amice.'

'Quod mihi satis facio. Quin duc ad miserum.'

Is, dum descendit scalas casu notavit, obliquis occulis, ianua adhuc patefacta, Ptolemaeum in Henrici conclavi rursus adesse, neque Henricum ipsum, quod haud facile explanare poterat, sed non erat facultas tunc rei reputandae. Cum Ernesto exerat properans ad casam ad Gulielmum, quem in lecto, amico alio praesenti, iacere immobile, quasi mortuus iam esset, inveniunt, sed mox, ceteris semoveri rogatis, eum, pecto cum manibus compresso, medicamento administrato, resuscitat et compos animi sui est, deinde ex illo David rogans, 'Quomodo,' inquit, 'tu in amnem cecidisti?'

Exclamans, 'Quid, requiris?' inquit. 'Evidens est. Tam stultus eram ut abstemius inirem aquam frigidae mortiferae nullo benigne adiuvante.'

'Ecce ego meum salem conservo, ut tu spiritum debes, solum quid factum, volo discere, num aliquis igitur petiverit?'

'Petitus sum.'

Ernestus qui certe laetus quod revixerat, cum amico quoque nunc accedit, avidus, 'Sed,' inquit, 'quid hominis poterat esse?'

'Non vidi, cum me ambularem secundum ripam a tergo repente deprensus, statim in aquam deiectus sim.'

'Homo ipse, ut primus in animum incedit, idem esse potuisset, qui Alfredum aggressus est. Quis inter nos aliter existimat?'

Gulielmus, 'Nullo modo, equidem,' inquit, 'aliquem alium fuisse credere possum et hic homo est, homo qui homini lupus, confidendum est, qui odit quemlibet Henricus odit. Nonne te, David, praecepi Henrico uti perquam periculosum fore, si forte inimicus fias? Id nunc rursus dico, quod facilius erit, te illius inimicum mox futurum, quod ille leve animo est praeditus et talis moribus est ut is peius faciat eis, erga quos prius benevolentem se gereret. Tibi igitur monitum renovo.'

David, fronte paulisper contracto, 'Tibi,' inquit, 'quietum est capiendum certe, dormire si possis. Cras valebis, sed cura ut te per hanc noctem foveas.'

Is cum Ernesto, alio amico voluntate remanente ne intutus sit Gulielmus, secedunt, ambulantes secundum viam, pauca modo verba de re faciunt.

'Quid iudicis?' Ernestus inquit. 'Nonne ille, tam ebrius quam piscis, e via in flumen erravit?'

David cui, 'Amice, tu audisti, illum interrogavi, utrum vinum sumpserit necne. Negavit.'

'At quis sit tam validus ut nostrum sustulerit ieceritque? Id fieri vix credendum.'

'Item vero amicus noster est maior corporis quam ut vento sic propellatur. Fortasse duo homini erant, unus non visus.'

'Fortasse, ut dicis. Et conductus est, vel potius conducti ab Henrico, secundum amicum nostrum. Mihi autem videtur ampla pecunia necesse dedisset Henricus quam ratione apta esse. Inicimus sit is vero et

Alfredo et Gulielmo ut tantum grandem delegaret, et amplius pecuniae quo immensior, nam rarus quidem hic homo, non est vili emptus. Duo etiam tales, bis rariores, bis pluris, sed fere non possum credere his rebus. Quis homo ille, dico, vel duo? Quo venit? Ubi nunc latet? Incredita omnia sunt.'

'Esto. In dies fore ut aliquid rei aperietur.'

'Tempus vero omnia relevat.'

'Fata nolentem trahunt.'

'Nunc autem hunc volentum defessum domum ducunt.'

Inde David hiis factis, cum valere dixisset, rediisset, ubi autem per gradus ascendens lucem in Henrici conclavi conspexit, ex lubidine leve haesit paulo, tetigit ianuam, deinde illo accesso in limine stanti has, quae nuper evenissent, enuntiavit.

Ille. 'Heus, quandoquidem sobrius noster semper est, putandum aliquo mali Gulielmum occurrisse.'

'Quid mali, censes?'

Subridens, 'Murum dico,' inquit. 'Per tenebras peragrabat quoad caput allisit, stupefactus, perfacile flumen pro via habuit.'

'Non placet qui alius rebus adversis fruatur, sed num tu es, qui in sinu gaudeat, cum alii dolores accipiant?'

Torvus ille, 'cui placere debeo? Hilaris more sum, in eo quam legem violo?'

'Veritatis. Scis, ut ceteri, virum bonum nostrum neve vinolentum neve tam stultum esse quam tu inferas. Ab opinione multorum, non iam diverto, cum animi causa miserum te posthabere obicereque audiam, per quae in suspicionem infandarum rerum teipsum adducis.'

Henricus primum obstupefactus, deinde offensus, 'Improvide,' inquit, 'haec verba respondent mihi innocenti.'

'Non aliter dicere possum, quod ego medicus inimicus sum morbo.'

'O contumeliam. Medicus? Nugigerulum aio.'

'Bombax. Honestissimi est sicarium conducere?'

'Deliras, amice. I, per me, omnibus hoc enarratum: Ptolemaeum etsi abhinc annos permultos discessum mortuum, tamen per vias noctu palari ut hominibus insidietur. His auditis magistratus probe custodies te insanum iubebit de medio tractare. Sed fac ita est, quod praetendis, ut Ptolemaeus pro sicario me auctoritate exeat, videlicet ea re ipse nullam legem violare. Non existimas? Rogo, num umquam mortuus in patria nostra capitis damnatus esset?'

Attonitus hic, 'Ptolemaei tui,' inquit, 'mentionem non feci.'

Ore ducto suffusoque rubore Henricus, 'Nunc, quod ego facetus benignusque pro cavillatione offero, tu id asper tetricusque in pessimam partem accipis.'

'Censeo, istis auditis, melius tibi fore ut te afferas in asylo et ibi aliquamdiu tu quietus intra parietes suffarcinatos considas.'

'Nunc minaris Ptolemaeum orbare. Salve, amice atque vale.'

Ianuam claudit.

Sibi David, 'Valde insanior certe est,' inquit, 'quam existimaveram. Ille videtur credere se posse imperare mortuum, quem filium habeat, ut vivat. Sic parum somni, nimium laboris etiam sapientem cerritum facere potest. At sic mente captus fiam nisi medicinam praesentem mihi adhibuerim, nam dies nimium diu me attrivit neque requisitum est medicum esse ut sciam somnum facere ad mentem corpusque sanandum, abibo igitur lectum petitum et teneam dum eius logi obliscar et medicinae litterarum recorder.'

IV

Multa nocte subito expergiscitur et simul in tenebris duos oculos lucidos in se versos conspicit appropinquantes, simul audit asprum spiritum olfacitque aliquid putridum cum balsamae resina cremata immixtum. Antequam propior oculi veniunt, e lecto salit et, stragulo pro rete super eos iacto, in illius caput tectum, sic cavillans, 'Heus tu,' inquit, 'basia mea libenter do, amans puer,' spissos colaphos mittit. Nequiquam. Ille, viribus permagnis, adeo eum depellit ut sternat, exinde, en, sub lectum repens evadit priusquam ultimum ictum inferat hostis. Interea sane clamorem vociferationem super modum tollit. Hostis, qui ut lectum evertat satis ingenio eget, cum eum illo in loco petere non aliter possit, nullo verbo celeriter discedit. Paulo post aliquis lampadem gerens intrat, quem ab eius pedibus hominem aedibus curandis esse cognoscit. Simul ac David erepsit, ille attonitus rogavit, quid est sub lecto?

'Nihil iam.'

'Sed ob quod erat strepitus? Motus sum cum multi in oppido de aggressore nuper dicunt.'

'Profecto nescio quis aderat, qui me dormientem

agressus est. Pepuli frustra. Elusi. Fugit At illi per adversum abeunti in scalis tibi occurrendum.'

'Domine, id negandum.'

'Verumtamen in caligine aliquis me petiit, ut dixi, manibus rixamur et me deiecit, qui me necare posset. Non vixissem nisi quod sub lectum irrepsi.'

'Atqui, Domine, neminem in gradibus vidi neque audii. Nonne tu ex animo laborans, quod diu lucubrabas, quare inquieti somno capiebaris ut homicida, generis qui modo in ore omnes sit, in caligine vel potius in somniis videres, sic es exterritus excidisti e lecto?'

'Ah, te medicum quoque esse invenio.'

'Habeo his multis annis autem experimenta talium quae in aliis adulescentibus noveram. Addam quod plus exercendi corporis, quod in frigidam aquam saepius immersere debet, homini, qui muliere egens, multum prodest.'

His praetermissis, hic, 'Scilicet,' inquit, 'haud improbe mihi mentis turbulentiam assignas, sed, contra expectationem, rei rationem aliter referam. Nonne fieri poterat ut prius aggressorem in Henrici conclave contendisset, quam tu in gradibus illi occurreres? Abeamus, ibi decernamus utrum sic res habeat, an tu melior me medicus sis.'

Ad Henrici ianuam ierunt, valde tangunt, ubi autem responso ab nullo elicito, servus eius fortasse miseritus, 'Homo,' inquit, 'se conferre poterat ad tectum. Eone sursum ibimus?'

'Noli te movere, nunc teneo te rem recte ducere, quod somnium tumultuosum me e lecto exterruisset. Gratiam mihi facias velim turbationis et quaeso quietem bene capias tamquam ego mihi spero.'

David autem, in conclavi evigilabat et, sole modo orto, tunc dormit ad multam diem, sed non serius, aedibus relictis, foris, iit cenatum, cum fames depulsa esset, postremo rem in animo insolitam volvens, per oppidum ambulabat, usque sub vesperum, cum tunc non minus dubitaret et quid censeret sibi ambigitur, statuit amicum, senectutem, praeclarum medicum, sapientissimus certe valde callidumque, qui iam diu in otium secesserat, visere ut de rebus, quae accidissent, doceret ageretque, sperans aliquid invicem utilitatis auditurum.

Lentis gradibus igitur peragrans secundum ex oppido tramitem, qui per hortos publicanos a luna illuminata ad illius casam fert, cogitabundus nunc spatiabatur dum universum mite quiescebat, cum pone se alicuius gressum exaudit.

Respicit.

Figuram, oculis fulgentibus cum malo animatis, qui trans umbras se persequitur, distinguit. Inermis, non unum punctum temporis moratur quin pedibus vim dat, sed dum procurrit, audit secutoris pedes, quorum sonitu sentit spatium post se celeriter minui. Conspicit autem lapidem humi, quem extemplo sumit et adeo iacit in figuram ut sternat, at non potest fieri mortuum necare (nam horrore tunc agnoscit, contra rationem humanitatem Ptolemaeum esse secutorem) quocirca, quid mirum, cum ille citius incolume surgere incipiat, non consistit ut admiretur, prorsum ad amici casam quam celerrime facit, quamquam quo proprius eam adpropinquat, eo magis Ptolemaeus premit. Somnii memoria in animum subito invasit, expectat ungulas quae collum attineant, sed non expergefactus, clamans potius ultimo spirito amicum nomine advocat, qui advocatus quidem ianuam temperi aperit et eum afflictum admittit. Hic ianuam extrema vi reclaudit antequam defessus ad pedes delabitur senis, qui, 'Dii immortales,' inquit, 'mi puer, quid rei hoc est?'

Respicit et ex spirito laborans, 'Obseres,' inquit, 'ianuam, ut res salva sit.'

'Ecce, eam obseravi.'

'Nonne quem me persequebatur conspexisti?'

'Nihil alicuius, sed oculi capti abs lumine intus, opacum extrinsecum erat mihi impenetrabile. At mi catulaster, surgas veniasque mecum, ubi recrees.'

Tandem, ante focum poculo vini hausto, quid factum esset narravit David et hiis auditis amicus diu animam reflexit antequam hoc responsum dedit.

'Quod optabile est ut conemur has res simplicibus rationibus explicare, quocirca arguere habemus, verisimile esse ut hoc homo, Henricus, mastigiam locaret, quem, ut is posset pro Ptolemaei cadavere cedere, se fasceolis, illo auctore, amixisset, ita quemcumque agressum sit, si forte supersit, quibuscumque ille enarret, illi omnes de re illo diffidant?'

'Quid tibi de oculis eius lucentibus? Ut mittam quod mortui odorem sensi?'

'Quicumque est auctoratus ad talibus infandis defungendum conductus, eum talem foetorem habere perfacile mihi fingere possum. Quod oculos lucentes vidisti, dicam, quivis a studiis litteris onerata sit, eum, fabulis auditis, haud facile id resistere posse quod in tenebris invite imaginetur. Contra, si haec mei omnino non est, nobis dicandum est Henricum revivescere Ptolemaeum posse, id quod super naturam sit, quare, dicas mihi, mi iuvenis, cum homines leges habeant tamquam natura, utram sentinam ante iudicem proferas, si quando ea ante iudicem ex te rogetur?'

'Antequam respondeo, tu, quid, si esses iudex, diceres?'

Obrutus ab sui humanitate est optimus vir, 'Di meliora,' inquit. 'Utinam ne talia tam inrite umquam fer. Mihi fastidium certe est amicos se male habere videre. Religionem accidit ut habeam, sicut opinor facilius fortasse quod putat mortalis, id mali fiere in rebus.'

'Sed aliud te rogavi, mi cordate Pater. Fac ita est quod es iudex, per simulationem, atque audias me causam dicere.'

'Sic quod tibi commodum est. Quam defensionem habeas?'

'Rogem, ut defendam, ne quis meipsum necet, recte probeque me ab inimico praecavere oportere, etiam si eum necare cogar?'

'Scilicet oportere, hoc is quod dicam egomet.'

'Addam quod, quem ita necavissem ut me conservarem, eum iam dudum mortuum esse ab me medico compertum fuit. Nunc denique, si res sic habeat, tu iudex dicas capitis ius?'

'Minime, insaniae te damnare malim, mi iuvenis.'

'Consentaneum est, non nego. Propter eam causam certe prudentissimi erit alium concilium capere.' Parumper considerabat, deinde, 'Quid dicis,' inquit, 'si Henrico, qui sive in eius amicum aliam vitam inculcat, sive scelestum aliquem conducit, egomet persuadeam aut ut vitam illi adimat ne rursus umquam revivescat, aut Ptolemaei imitatorem ut illico demittat?'

'Si coram me iudicem rogaretur, ego, cum aut tu aut Henricus insanus videretur, causa anceps esse deferenda dicerem, dum, uter a se alienus sit, uter sanus, comperiretur.'

'Satis boni hoc mihi est. Obiter, manuballistulane tibi est?'

'Quaedam est.'

'Peto, quandoquidem ea in meo usu esse possit.'

'At spero te neminem necaturum, ne in raptum te iudex aliquid lugendi decernere oporteat.'

'Polliceor nullam glandem plumbeam perditurum, quodsi unam, sive plus, perdidero, mihi lubebit quidem pro ea tibi satisfacere.'

'Puer carissime, manuballistulam praebebo, cum eo ut et temetipsum serves et astutius quam audacius rem agas.'

V

David, cum apud amicum cubuerat, paulo post diluculum egressus ad viriles amicos, Gulielmum Ernestumque, properavit, unam saltem ex quibus, ut secum rem conaretur, expeteret, ambo tamen nullo haesitantes incitati, propositionem auditam propense se observaturos esse, ut et de medio sicarium emoverent atque irritum Henricum efficerent.

Is continuo eos, cum singulis securim prius comparatam dedisset, adduxit ad aedes, ubi, ut pacto, comites in gradibus opacis constiterunt ut latentes opperirentur, ut qui subsidio essent si advocarentur. Tum prope Henrici ianuam submissa voce orat ut ille se suscitet, quod verba pacis velit benigne facere.

Ille prompte apparet, ridens, 'Deliciola mi,' inquit, 'Dummodo mecum bene agas, adiuvabo quoad possum. De quo mecum?'

'Ad Aegyptium istum attinet res. Eam longissimam ex isto, proxima nocte, cum lapide in eum, qui me persequeretur, coniecto excussi. Venio igitur cum hac ut istum restitas neve iam ea indigeat, et qua magis gratias in me intendas quam aliter. Non respondes? Fortasse nihil est. Esto, incuriosus es.'

Ille, hiis verbis obstupefactus auditis, prius relictus sit a David, exclamans, 'Vah,' inquit, 'Ptolemaeus mei, quam miser a crudelitate mundi redditus es. Sed, dic, quam partem? Num–?'

'Inconcinnum sit hoc in loco palam fari, ubi fortasse servi audiant.'

'Quin intra et rem quidem cito da, si scelere absolvi velis.'

Intus, David subito manuballistulam prompsit.

Henricus, 'O contumelium,' inquit. 'Numquam existimavissem te, bonum virum, mentiri, ut ita ignave aggrediaris.'

'Pax, semi-mentitus sum, nam hanc adportavi, ut curam ad eam Ptolemaeo dandam, quam amissit, quam potius vero tu illi eripuisti, quietem. Nocere, autem, tibi non in animo habeo nisi aggraves.'

Henricus malo oculo intuebatur exiguo tempore, 'Fiat, amice.' Inquit, 'Ego igitur nunc ei imperio, ut ad te appropinquet, qui plumbum tuum accipiat.'

Tum lingua insoluta dicens Ptolemaeum alloquitur,

qui repente expergiscitur et porrectis manibus ad David irruit alacrius quam ut unam glandem coniciat, contra eum summa vi comprehendit, eicit trans conclave. Is iacens, spirito expulso, nullum verbum auxilio emittere potest, tamen manuballistulam feliciter retinet.

Henricus iactans, 'Egomet,' inquit, 'gratias ex te recipiam, quod me parentem incolumem fore promisisti, sed invicem nulla vi in te hostilem utar, verumtamen pro Ptolemaeo promittere nihil potueram.' Ptolemaeo eodem puncto temporis signum dat, ut Davidem aggrediatur interficiatque, at is calide et mature glandem mittit in adpropinquantem, qui transfixus non solum non constitit, sed, quaerens quod vulnerum accipiat, etiam mirum in modum periratus citius irruere incipit ut cum manibus laniet, ut videtur, neque ipse dubitat, quin actum sit de se, cum amici, ab sonitu a manuballistula facto concitati, inrumpunt.

Qui autem ubi primum intus sunt, quia perquam horribilis visu Ptolemaeus est, metu consistunt, simul Ptolemaeus nihil moratus in hos saltu uno insilit, depellit, utrumque prosternit et de improviso Gulielmo securim abripuit et ictum mortiferam prope est ut inferat, cum Ernestus securim ad capulum in eius anum trudit, quo facto, ille est videlicet mirum in modo vexatus, ocius convertatur ut Ernestum interficiatur, cui Gulielmus, inermis et cum primo ictu saucius fit, in vicem subvenire non possit. Vero nunc in discrimine res fuisset, nisi David surgat, in Henricus se proiciat, et oculo manuballistulae in illius costas imposito, rauca voce, 'Fac,' inquit, 'ne istum vivat, si vivere vis.'

Admiratus ab improvisis verbis protinus oboedit Henricus, signo mystico dato, en Ptolemaeus, qui paene eo iam venerat ut amicum nostrum saucium ultimo ictu detruncaret, oculis caligatis, mortuus caedit.

David, 'Henrice,' inquit, 'tu vel sume securim, dissecta istius membra articulatim in foci flammas impone, cum libello infando, ita ut finem istius palandi comburendo facias, vel tuum caput plumbo calefacto complebo, mi Deus audias.'

Henricus, ore furore ducto, renuens, 'Agendum,' inquit, 'minaris letum mihi futile, amico mei spectato ab me tam ingrate uso, mihi idem certe consecrandum, porro autem te necatorem pendant id lubet.'

Ceteri, Davidque ipse, virum, qui fidelissimus animam tam fortiter adhibeat, laudandum debere consentiunt atque indulgendum, exinde spontaliter is securim rapuit, funebribus perfuncturus, discerptum a secure Ptolemaeum in foco eius partem super partem imposuit, qui mox combustus in vaporem cineresque convertit, et interim usque ad haec perficienda sunt, Ernestus vulneratus aggressorem illum conviciis (quibus verbis non hic me deceat referre) consectatur.

Tum David Henrico, postulata confecta, dixit, 'Tu non es dignus, licet sis animosus et fortis, qui inter cultos homines in praesenti vitam agites, ut igitur e patria demigres moneo, si libertate frui velis neque accusaris huius, quod contra naturam est.'

Is irridens, 'Procul ibo,' inquit, 'in Aegyptum penitum.' inquit. 'Id polliceor, id quidem inter alia multa.'

Tandem ceteri in conclave Davidis discedunt, et is,

ubi ab Ernesti vulnere cruorem abstersit et fasces adligavit, subito exclamans, 'Amici,' inquit, 'quid fiet si ille in Aegypto in permultos Ptolemaeos emptos vitam infundet? Num, si sic res fiat, nos ipsi salute umquam fruamur?'

Gulielmus, parumper de his verbis cogitat, manuballistula correpta, 'Viri,' inquit, 'quis est, qui viderat quae vidimus, dubitet id Davidis verisimile eventurum esse? Iamiam eum cum maximo noxio, ut Americani dicunt, prohibitum abeo.'

Ceteri, 'Tibi,' inquit, 'nos hercule non deeris.' Deorsum in Henrici conclave turbulente properant, in quo hominis ipsius nihil invenerunt. Abit, qui confugiet ad Memphim, fortasse, aut ubicumque multi mummiae conditae essent. Insanus est enim probabiliter, at omnino haud insipiens. Ceterum, sperandum fore ut non possit aliquid aliud perniciei ibi conficere, ubicumque is sit, sed certe addendum est quod tu, carissime lector, si quando apud Aegyptos manseris, caveto.

DE REBVS VICTORII FRANKENSTEIN INSOLITIS GESTIS

Victorius, anno Domini nostri millesimo octogesimo decimo octo Genevae est natus, familiae honestissimae et antiquae, Frankenstein nomine, infans primus. A parentibus, cum is quintum annum ageret, Elizbetha, quattuor annos nata, consobrina orbata adopta est et postea, ubi is septimum annum agebat, Ernesto nuper frater nato, familia demigravit ex urbe ad Belrivem et ex illo tempore in villa, quae et ad lacum Lemannum erat et haud procul ab urbis portis, habitare coepit, qui ruri locus amoenus tam erat idoneus, in quo liberi adeo educerentur, ut liberi Frankensteinis pueritiam consumentes felicissime amicissimeque adolescerent.

Victorius tamen, cum ceteri et amicus eius Henricus, mercatoris filius, tales ludos facerent, quales pueris soliti essent, quibus in primas partes fabularum priscarum agerent, ipse solum secretumque esse saepius malebat, ut multa per mentem volveret et, legens libros scriptos ab eis, qui in magice periti essent, ut studiis in obscurissimis facilius versaretur. Per subsequentes annos autem, postquam noctu quadam arborem stantem prope villam cum ictu fulmen diffringere conspexisset, ita naturae vim admiratus est ut illico statuisset se numquam cessare, quaecumque ipsa occultaret, conari ea illuminare, atque permagno studio industriaque se fore usum ut dominaretur ex sententia ipsam.

Septimum decimum annum agens, universitatem, quae in urbe, Ingolstadt nomine, sita est, iturus frequentatum, cum mater morbum nacta est gravissimum et cui morienti et oranti ut Elizabetham in matrimonium duceret et fratrem semper coleret, haec quidem promissit. Paulo post, cum mater diem supremam obisset, (ob quod naturae valde obiecit crudelitatem) domu profectus, in urbe in conclavia collocata consedit et secum habens, in naturae philosophiam se adeo immersit, ut praeter hanc omniorum, etiam necessariorum et temporum ipsorum, oblivisceretur.

Is per duos annos, interdiu auscultat coram sapientissimos oratoria verba, ex quibus quem ad modum mundus aedificatus fuisset et ex quo esset ordinatus didicit, noctu solus impavidus apud mortuos lucubrabat, ubicumque eos reperire poterat, vel in sepulcris vel in valetudinariis, vel etiam in carceribus, (nam ii qui supplicum exegerunt, corpora clanculum vendere solebant) usque ad postremum, quadam nocte, percepit, quid esset Mors atque quare se posset efficere, ut vitae vim in cadavera infunderet et ab inferis inferos animas attoleret.

A potestate nova tam elatus est ut similis Deo se esse aestimare coeperet, nec quidquam ingenii admodum praebere potuisset, nec satis famae merere, si modo aliquem morbo discessum in vitam revocaret, magis placuit, ut superbiam expleret, utendo partibus ex variis corporibus excisiis, hominem, cui novo vitam daret, construere. Res, quae ad hoc conficiendum pertinuerunt, dico, hominum varia membra et partes essentiales scilicet perfacile sibi comparavit, quia, medicinae studente, antea ipsis, qui mortuos tractabant, ut libitinarii, concorditer uti solebat, quasi esset negotiator, satis nummis sane eiectis, talia sine aegre sibi parabat, denique tunc sine nimis difficultate copiam sibi suggere poterat, quacum inter breve tempus, omnibus quae necesse essent conquisitis, hominis opifex fieri coeptus est.

Per plus quam duos annos incredibili labore operam dabat adfabre iungere et nectere, perinde ac fabricator qui e vectibus et ex trochleis et e rotis, quae partes iam fuerunt fabricatae, novam rem machinatur, ipse ossa cum ossibus conexit, ad haec lacertos nervosque alligavit, intus et cor et pulmones et iecur et renes et alia viscera inposuit infixitque et cerebrum etiam, quod ceteros gubernaret, postremo totum cute vestivit, astricte conseruit, antequam venas sanguine complevit, sic corpus integrum tandem componeret, vel etiam potius genuisset. De hiis gestis, aliam ex aliam dum agebat, in libellum assidue inscribebat omnes.

Victorius nempe voluit formosum hominem patrare, tamen, propter difficultatem operis contra spem res processit, atqui is, ut fit, ignovit filio quod taeterrimam faciem habuit, attamen eum saltem effecerat (propter quod ita sibi veniam dedit) ut immensis viribus praedaretur et esset immortalis, praeterea sibi dicit: *Infantes oculos raro delectare. Faciem nihil morari. Virum quemque opportere pluri nos facere, quod ingenio magno bene uteretur et honestatem se praeberet.* In his verbis Victorius exemplum offert, quo videamus in conando inclyta praeclaraque conficere, etiam sapientissimum stultissimum aliquando se reddere. Opinionem de filio sui tenuit noster vir usque ad noctem illa ubi in corpus vitam infudit, sed ecce novum, gemere quassareque incipit, vivere et quo magis vivens magis eius pater eum formidat, sic ut monstrum ex lapide factum minus metus quam e carne inspiret, nunc certe credas Victorius temeritatis paenitere. Ab specie pravae vitae oculos avertit et fastidiosus cubiculis aedibusque discessum ei multa in mente volvens agitansque noctu per orbis opacas vias palabatur.

Duas horas post, sole orto, dum maxime animo diffidit, forte Henrico, qui amicus modo in urbem pervenerat, occurrit, qui manum comprehendat. 'Mi amice,' inquit, 'nos omnes iam hos multos menses, cum nihil tui per litteras recipiamus, te aegrotandum suspectantes et sane perturbata ex corde laboramus, ad postremum igitur hinc confestim veni, patre scilicet sciente, ut simus de te sine anxietate. At, quantum macer es. Num a morbo quodam teneris?'

'Haudquaquam, at vires paulo defici dicam, quod ob opus mihi agendum iam hos complures menses perquam strenue animum intendo et id poposcit tantum e me, quantum ex anima corporeque dare poteram, et consequenter exstinctus fuissem nisi nuper id confeci, quod prolatum autem generis esse tu vix oculis etiam credibile ducere possis.'

'Istum probe discere volo, sed per fortunas una ad

tuum domum nunc adeamus, ubi paulo requiescas, fovearis, vini aliquid validi bibas. Perpallidus enim es.'

Lassior vero erat Victorius quam ut non sineret se ad conclavia deferri incipiatur, et interim ambulabant, Ernesto rationem hominis, qui novum ab se sit factum, referebat, sed nihil hic respondebat, cum de rebus, quae se auscultaret, ratus dubitari. Sperabat autem Victorii causa, visurum aliquid haud insanum quod potest verba honeste vindicare, quidem sibi magis placuit monstro obiret quam amicum carissimum ex animo periturum vidit. Sed aliter in usu venit res, nam in conclavi, cum pervenissent, praeter seipsos neminem visum esse nec alia, nisi instrumenta haud insolita habere homini studenti naturae. Exinde fit ut Victorius ipse reputare incipiat et admirari num laboriosum opus eum adeo per illos menses omnia partim somnio partim delirans nequiquam agitaret. Tunc sic, monstro non praesente, confutetur et perquam confectus aegrotatione affligi incipitur, ita animum relinquit et elapsus ab amici brachiis comprensus est.

Nonnullos dies post Victorius ab Henrico attentive curabatur, anceps certe erat res dum febri laborabat, sed, ea intra nocte quadam remissa, mane ubi ad se est reductus, iuxta lectum amicum adesse sensit, quem audivit, 'Dii laus.' inquit, 'tandem te revalescere video, mi frater.'

Victorius voce languida, ex animo autem, 'Saepius,' inquit, 'febri cruciante, per me bene evenisset ut excederem, attamen nunc mihi reventum, quod teipsum imprimis rursus video, gaudio tandem vivere.'

Non minus gratus Henicus, 'Certe,' inquit, 'timui ne apud infernos morareris utque redires, quia videbaris sermonem cum illis familiariter habere de rebus quas, si casu, invitus quidem harum reminiscor, etiamnunc horreo.'

Ei Victorius, fortasse nimis rerum in memoria tenens, 'Hoc meliorem spectabit,' inquit, 'ut harum, quas febris finxerit, obliviscamur, quod nempe detrimentum nobis semper erit fabellas quas a rebus veris plane discernere nequeamus. Si quando ea genera divulgarentur, civium stulti, qui apud nos numerosi sunt, ea alerent et passim praedicerent, ex quo fit ut has res videas, alienis, qui nostris cum cultis mentibus humanitatibusque noxii sint, patriam nostram artesque tradi, historia nostra delabi, et homines delirantes furiosique audies liberos nostros vafre perdocere qui mares sint et qui feminae, neminem scire posse, permutare, cum quisque velit, nam dicere et sibi fingere nullo dissimiles, qui alii callidi qui alii plumbei mentis sint, consimiles aequosque esse, immo hos stultos poscere flagitareque ut nos voluntate eas inanitates confiteamur, etiamsi haec verba omnibus proferenda non cum rebus, quas omnes vident, cum usus convenient, postremo artium studia, qua et quod humillimum et quod optimum possimus clare internoscere, ea reprimi, videbimus, quominus viri aut vitam beatam libere agitare aut mentem impedite colere possint. Obliviscamur igitur eas. quas depravas aegritudo per os effundat, ne mundus noster sit correptus.'

Perturbatus sane ab hiis verbis, Henricus, 'Amice,' inquit, 'citius dicto, nam cordate mones, quamquam haud verisimile esse ea fiant, puto, utique spero.'

'Tam diu taceo. Nunc nimis dixi.'

'Scilicet tibi est quiescendum reficiendumque. Mox valescere te videbo e febre nunc liberatum, ego prius iusculum paratum afferre ancillam iubebo quam in tablino litteras scribo, ut quamprimum debeo, eas famulo trado, qui ad tuos celerrime referat ad nuntiam salutis tui illis mox laetissimis excipiendam.'

'Haec eis brevius nuntiabis, si tu ipse iamiam hinc profectus eris.'

'Verum non solum maximi interesse me hic adesse puto, ut, quae res inter aliis meae curationis ad litteras mandaturus sim, eae non te ab me neglecto aliter eveniant, sed etiam quia meus pater me hic morari, ut apud sapientissimos tabulas conficiendi rationem discerem, iussit.'

Victorius hilarus haec audivit, nam se solum cum Dite fore, cui per quattuor annos usque ad hunc diem resisteret et contumaciam inferret, non iam voluit. Nimirum igitur magnopere maluit posthac amico tam vegeto uti atque se ipsum fuisse inimicum Dei oblivisci, ob quam causam, cum satis valuisset, libellum, quo in omnia de omnibus gestis inscripserat, cum instrumentis in arceam condidit et suorum rerum numquam, vel potius raro postea reminiscebatur, ita intra aestatem animi relaxationem quaerebat, neque ullum, caelo ridente, diem praetermissit, quin cum Henrico expeditionem per agros fecerit, aut otiosus in lacu velificabatur, aut in remotis vicis cenavit in taberna post multis horis in equo vagatus est, quin etiam interdum in lupanaribus feriaretur sibi promittens in temporibus futuris numquam pro uxore in tales initurum, nec omittam eum venari picarique, denique omnia agitabat, quae vitam beatam crearent, et quidem eam agitabat donec quoddam die res adversae appetere videbantur, cum ad vesperum in conclave redisset et sentiret aliquem furtim intravisse ut qui bona perscrutaretur, relicta enim ea paulo indigesta erant, sed mox comperit libellum, in quo constructionis rationem hominis novi perscripsit, ex arceam ademptum esse, litteras quoque, quas ad se pater Elizabethaque miserant, tunc anxietatem gessit, nec de re Henrico mentionem retulit, securum esse dissimulabat, sed diem ex die, cum nihil ob rem contingeret, metum interdiu moderatim remisit, cum solem autem occisum erat, inquietus se habebat ne aliquid letale, quod fortasse a manu sua fictum esset, et infelicitatis insinuans accederet.

Facilius se gerere incipit, sed equidem non mirari satis possum, quod mortales semper se cras bonam fortunam domum tracturos existimant. Ad Victorium aliquid mali quidem mature accedit, non homo autem fabrilis, potius littera, cum initio autumni funestos nuntios e patre accepisset, qui in his verbis inscripti sunt, 'Mi filii, utinam ne talia scribam, qualia permagnum dolorem in nos intulissent. Frater fato obiit. Quid acciderit nondum accurate repperimus, sed amisso bene mane heri, invento nocte a quaerentibus nostro. Iugulatum esse, medicus opinatur, collum a manibus contusum fuisse. Nunc non plura prae afflictatione, modo te incolumum mox recipiamus.'

Victorius, hiis lectis, continuo profectus, Henrico comitante, ad patrem properans progressus usque ad Genevam, ubi autem in silva paulo morabatur, ut ab tempestate subito orta se tegeret, cum suum hominem, qui a fulminis luce brevius illuminatum est,, torvum os in se versum conspicit, et Henrico non apparendus se curavit, quocirca de industria illum sinum esse ab se solo videri intellexit Victorius et in eodem, illum esse qui fratrem interfecisset. Multa quidem per animum perfluere coepit et iterum valde sensit rem non posse fateri, vel potius, ut prius nollet sui imprudentiam pudore enarraret, sic tunc non poterat, nisi se contaminaret sui monstri malo facinore et quoque sui ipsius pravitate.

Tempestas interim celer transit, caelum serenat, amici pergunt.

Bene mane, domi, a patre exceptus et paulo post factus est certior: Nullam horam, quin flerent, se Elizabethque praeterire. Insuper utrosque maerere perturbatosque esse, quod ancilla, Iulietta, semper antehac amata spectataque, in vincula rapta esset a magistratibus cum eam criminarentur quod pessimum facinus ipsum commisisset.

Victorius exclamans, 'Pro certo,' inquit, 'habeo quod falsum magistratus commiserunt. Ipsius causam egomet dicturus sum.'

'Sed, mi filii, iam scio quid illi die constituta arguturos: Ancillam inter diem, in quo frater necatus sit, neminem vidisse, quod autem, ut ipsa etiamnunc profatur neque negat, conclave aegrotans tenenda erat, sed neminem posse testificari ea numquam exisse atque hoc maxume interesse, quod prope corpus nactum sit, a quibus hanc malam rem indagarent, ancillae monile.'

Victorius tunc tacet, cum sciret ancillam hoc

infandum non comisisse, quomodo tamen eam excusaturus esset, nisi interfectorem esse monstrum suum profiteretur, omnino non potuit excogitare. Quia autem tam valde rei puduit, in dies post magnopere operosus se agitabat ne ancilla capitis damnaretur, quam primum, pietate erga familiam cum sit functus reventum sibi est armato in silvam, ubi monstrum fulmine a se fuit nuper visum, venans necaturus, ideo et fratrem ulcisceretur atque cadaver monstri tam taetri, ad magistratum proferret ostenderetque, ut qui non posset dubitare (talia spei enim tenuia in mente tristi geri solet) quin illud interfectorem esse crederet, exinde ancillam statim purgaret. Is autem, monstro eluso, tandem ad oppidum regressus mox audiit ancilla in iudicium vocata fuisse, tum quidem festinans testor praestat, item familiae alli, et ipsae fidei et mitis indolis testimonium pro illa omnes dixerunt, Victorius ad hoc, quia physiologiae studebat, propria scientia utens, addit: Se livores in collo sui fratris scrutatum, ex quibus ob magnitudinem delineationemque colligere ab ingenti homine puerum miserum strangulatum esse. Utinam ne igitur ancillam parvam exilemque pro necatori immane haberent iudices.

Accusator respondit: Quod monile illius prope corpus repertum esset, concludendum, quamquam ipsa crimen non commisisset, nisi per insaniam vis super solitam inspirata fuisset, aliquid quod constat aliquando possit fieri, illo, qui id fecisset, comiter usa esse, sed quoniam neminem alium rea indicare vellet pro homicida, culpam ferre opportere dare poenas.

Hiis aliisque auditis, magistratus, deliberatione non autem multo diu producto, cum et alii testes sibi deessent et quod puero iuris causa dixissent, se illam coactum esse capitis damnare. Verum tamen, propter testimonium bonae naturae ab domo familiaribusque perhibitum, statuere angorem mortis accipiendi sine humanitate per gravius negotium prolatandum, animo a cruce expectationis torquente omnino ne augerent, se potius sublevarent, quare in illam statim ablatam confestim supplicium afficeret quaestionarius.

Quantam aegritudinem, quia puer interfectus fuit, pater Elizabethaque tulerunt, paene tantam ob ancillae mortem, sed Victorius non solum item cum illis illae interitum, licuit indulgentiae causa per iudicem quam celerrime et sine afflictione cruciatuque factum sit, aeque deplorabat, sed etiam, quod seipsum culpari sciebat, magis cruciabatur. Dum autem ea in pecto obnubebat, quod homicidam etiamnunc expeditus esset et integrum et fortasse plus sanguinis suorum cuperet, hortabatur urgebaturque patrem ut custodes locatos circa aedes collocaret, ipse preaterea numquam sivit noctem quamquam obsolescere quin saepius ac per multas horas armatus per hortos pererraret.

Familia domi hibernabat, neque ut soliti est in urbe amicos visitare, at non exire timeret, nam praeter Victorium nemo necatorem tunc sibi impendere credebat et etiam ei Elizabetha nil nisi morigerabatur, potius neve ex fores, neve quidem intus, quidquam animi causa agere poterant, verumtamen ad veris tempus, cum Victorius paterque una in horto ambularent, ille, 'Ecce,' inquit, 'mi filii, nostrae rosae iam sunt prope ut gemment. Cum ego rosas vidi, reminiscor verba poetae cuiusdam, *Dulce lumen est veris, atque plus venustum est, cum mare scintillat, maxime autem me delectat familiae lumen, quae maesta laboravit infanti egente, cum tandem aucta est.* Mihi indulgeas, inscite recitavi, sed tamen carmen, etiamsi mendose recitatum est, id commodius quam ego possim dicit.'

Hic suspirium duxit, 'Probe dicis,' inquit. 'Non opportet me sinere nepotibus orbum te fore, neve est haec spes minus exsequenda propter fidem matri, ut Elizabetham ducerem.'

'Gaudio quidem haec affirmari audire.'

'Peto autem a te modo ut antea mihi concedas ut in Alpes iter faciam inter aliquot dies solitudine fruar, quocira animam purgem.'

'At ex hieme vix excessimus, semper praeter spem gelu, pruinae, tempestates procellaeque acerbissimae semper imminent, praeterea necatore a nemine, ut dicis, est prohibito, quid, expectanda mihi alia copia lucti si forte illi occurras?'

'Dee audeas, quod illi obstem utinam contingat, cum semper armatus sim, eum mei videndi brevissime paenitebit, sed metuo potius ne me fallat et infestus alteram partem petiverit, quam nescio, et ibi tute maneat. Quod aegro erunt mihi tempestates, eas parvi facio et quaenam uxor, quem tam imbecillem sit ut imbrim fugat, laeta excipiat? Num ais tu aliter?'

'Nihil dicam, praeterquam impetravisti, mi filii sed item spero, quia a Natura sola diu satisfactus potest esse nemo, ut opinor, ubi ad nos tandem redieris, dulciorem tu rursus habiturus esse domum.'

'Nonnullis autem, qui scientem consequantur, Natura sola sufficit et fortasse olim ex ea item confidebam, nunc contra, quoniam per spectationes tantam questionem habui qua venit tandem mihi in potestate nimia ut pernoverim nudaverimque eam omnino, quare illa minus quoquam scorto (talium enim reginam esse Naturam ipsam novi) me fastidientem spernentemque inlicere potest. Eam igitur non iam ipsam petam dum peragrabo, sed quod multo abest ab genere hominum, cum clangor fatuitatis eos semper comitetur, silentium, cuius autem non despero me satis hausturum ut lectum cum virgine communicem non me nauseat.'

'Maeste puer, ad hocne ductus es tu in involuta rerum Naturae aperienda? Sed, cum memini nuper crudelitatem factam hominis illius, egomet ipse miror num, fortasse, Natura, cum vocibus avium praegaudeat, si mane quodam mortalibus nobis ominibus absentibus experrecta sit, praeterea infesti summus ei cum tam multa excipiamus, tam parum vereamur.'

'Audio, pater, sed iam numquam eam ipsam culpo, sibi enim constat, etiam si nobis est indifferens, attamen ubi tamen coram ea ero, veniam det requiram, precor quidem ne utique terram moveat, pestemve inferat antequam perniciem sibi genus hominum consciscat.'

Victorius pridie patri Elizabethaeque valetudinem precatus Deum ut largiret, bene mane post profectus est et equo vecto per Alpium valles interdiu palatur, nocte excubat, ut aequum animum faciat. Complures dies in errando facit, donec in secessibus montanis frequentans satis mentis compos esse ducit, qui pro cive rursus se gerere denuo possit. Sed antequam tandem domum redit, placuit sibi, equo apud rusticos relicto, ascendere ultro radices montis cuiusdam usque ad agros, quos nix glaciesque semper opperit, cum autem pervenisset, et ibi facies Naturae se satis diu delectavisset, ita contentus postremo in mente est ut descendat, cum monstrum mirum in modo celerius accurrit quam ut ferrum igniferum expromat, quod immo iam sero prolatum ei eripit.

'Estne a te tam alienus ut mei obliviscaris? Ecce homo, qui a te factus est, artifex mi, qui te innocuum ita reddo.' igniferum frangit et partes disiecit.

Hic illum accedere incipit. 'Probe, mea manu tu delendus est, perinde ac tu puerum interfecisti.'

'Compesce animum, Pater, nam, ut bene scis, frustra vim in quem tam a te robustum est compostum adferre audebis, nec in te male inferre puto, velim dumtaxat mecum ad villam meam venias, ubi me auscultes et causam meam iudices, ex quo fiet ut utrum mihi quid poscam des, sic ambo quiete per noctem frui possimus, an aliquid aliud alteri praebeat.'

'Nihil e me.'

'Nihil quidem tu mihi iam pridem offers, qui me adeo genuisti, quantum scio, ut solus vitam miseriae protractam agerem. Scito, Pater, in eos, qui dolorem meum augeant, semper reddam quaecumque accepi atque insuper.'

'Inepte dicis. Nonne fratrem innocentem, qui in te nihil mali infligere umquam possit, nobis ademisti? Querebarisne de me, quasi sine causa inimicus sim, quamquam eum necavisti?'

'Num me tam facile iudicas? Rogo, ad noxiumne me feceris, an talem, qualis summam benignitatem cupiturus sim? Taces? Audio modo dentes crepitare. Fortasse iam plus quam ferre potes frigore languescis.

Puto aedificatorem tui opus neglexisse. Certe non diutius hic morari inter gelidos ventos vis et magis placet mihi continuo abire, sed nondum quisque in aliam partem vagabitur, prius quidem res, quae maxime ad me attineat, disceptabimus, componemus. Nondum malis? Vel libenter mecum adambulas vel ferris, tantundem est mihi. Nil respondes? Quin sequere.'

Victorio patiendum est deduci per multa millia passuum ad medium montem, ubi tugurium situm est rudem humileque, de quo Monstrum, 'En,' inquit, 'vides aedes meas. angustae certe, at si modo amicis eas explere possim veris. Brevi perbelle cenabimus. Introi, Pater, antequam tu gelidus peribis. Etiam nunc, scito, magnopere velim tu fatum proferas.'

Itus monstrum in focum, in quo cineres rubidae iam fumant, materiam iniecit, qua et ardente hospitem foveat et in clibano cuniculum coquat, quem, ubi primum saporem praebet, ei offert et, 'Famem,' inquit, 'quin depelle, ego non vescar, quia ab carnem pro herbis frugibusque animo aequo abstineo, feras enim necare mihi non lubet, quo plus maximae mitiores illae quidem hominibus sunt, ut, multis de causis, discrevi. Sed sume igitur, viscera ob vacuum agitante attentius ventrem quam me auscultabis.'

Victorius edere incipit, enarrare monstrum.

'Pater, te, cum tunc me e mortis somno excitasses, discedentem vidi admirans quo te conferres, cum praesertim ego modo genitus essem et, perinde ac filius novus, haud dissimilis infante, multis egerem. Brevi sane moratus, amictus, egressus, sequi te conatus, viatim a nocte obrutus errans, ubi fortasse sub solis ortum conspexi urbis portas et accessi ita tamen ut nemo e custodibus me animadverteret praeter unum, quippe qui me esse foedum deformemque haberet, intentis lapidibus me depulsum ab portis in rus exigit, hunc hominem certe primum nominare possum, inter illos, qui permulti me crudeliter tractarent, qui omnes vel in viis vel vicis manus mihi iniicerent praeter te, qui talibus me neglecte tradideras, egomet, quem tu ad amicitiam fecisti, ut scis. Ideo itaque in silvas montesque semper confugio, ut me recondam et in his locis ab edendis bacis nucibusque et e rivis bibendo salutem meam colam, et in eo tempore item secum habebam, nec sine volup, nam aves in cantando meum animum refecerunt et nutriverunt animam, nec alia volui quoad diutinus ego solitarius fui, cum alia mihi desse coepissem sentire, requiro te, qui ingenium permagnum in me posueris, nonne me hominibus benignis uti cupere et desiderio exardescere ut comiter viverem? Itaque mihi rapui rationem, , quae erat ad locos clam appropinquandi in quibus habitant homines, et ab eo, ubi laterem, eos observandi, ut, quoad calliditate non omnino inops sum, de illorum moribus discerem et bonos malis dignoscerem et apud illos amicitiam pararem. Difficilius erat quam speraveram, etiam in parvo oppido ubi sunt tanti occuli, tandem autem unum ex illis, bonos dico, qui solus in silva, in villa parva remotaque habitaret et caecus esset et annosus, existimabam me in amicitiam contrahere posse, quod in usu venit et apud illum per hiemem morabar et incredibili celeritate, quia bibulum casu habebat, quod ille sine oculis recitare poterat, ad litteras intelligendas valui et, cum illas lectitarem quemadmodum et quamobrem creatus fuerim saepius cogitare coactus eram, etiam multas ex mundi aedificatore requisivi, sed nihil responsi umquam excipi, sed etsi diu sum perplexus, ubi quidam rationes ad me pertinentes invenirem, dum conclave tamen tui recordabar et tui quoque, unde egomet veneram, et ad idem quandam nocte in futuro facere ad te de multas consulatum me destinavi. Sed nondum, quoniam ibi perbelle me habebam sine aegre praeterquam quod, cum quisque caecum meum visitaverat, ante illius aventum paulo decedere semper melius esse iudici, donec multo aestate male accidit quod aliquis, qui caeci domi me insciente adesset, me e silvis ego ligneum baiulans regredientem vidit et cum me monstrum haberet, conturbatus quidem factus, clamans, quasi caecus in periculo esset, se gerens quasi putans eum protegeret, cum manubalista, quam bona fortuna (quod tu diceres, pater) habuisse, cum certe venerator non esset, me abegit ita ut, nullo verbo pacis ad caecum prolato, numquam redire ausus sim, cum scilicet homo maledicens curaret ut caecus discinderet amicitiam nostram. Tunc nempe in silva amicitiam desideravi, qua antea amissa non tanta egere poteram, tunc autem tempus in solitudine me gravius pressat, nihil enim libenter quisquam agit in desolatione, tantummodo vitam proferre cogitur, qua re te, qui primus me neglexerat, tandem petere statui, etiamsi in periculum inciderem, potius quam, similis ferae, silentio vivam et quoddam die, in morbo implicatus, ego maximus offensus fortunae, solus moriar. Quid mirum, pater, si te accedere volui sperans commodius te mecum habiturum, cum me architectus sis, vel reficiendo vel compensando obnoxius. Nulla hora alia praetermissa ad urbem feci, noctu murum, quod tua opera facilitate mihi non deest, facile ascenso, cum forte custodi, qui lapides in me iniecerat, obviam facio, et eius fatum esse, ratus, eum ilico mori, neco et mortuum muro demitto. Nihil magni aestimare erat, cum abundantia sit generis illius. Continuo furtive regredior per vias ad conclave, quod vias et id adhuc in memoria valde teneo, et in illud inventum penetro. At nihil tui praeter chartas invenio, et litteras et libellum. Cum his discedi, regressus in silvas, ibi e libello cognosco quomodo me fabricavisses atque e litteris ubi tu ortus sis dedisci. Ante de origine mea diu meditabar, tandem, quantum pietatem opportet, multa ex te ipse, pater, non e Deo recte requiri intellexi. Per litteris, te apud tuos Genevae adfuturum facile conieci. Sic inde profectus pedibus magnum iter ad urbem feci et prope villam ibi me condidi, ut invisibilis spectarem eos qui ibi habitarent, ubi quidem meditabar istorum amicitiam accedere expetereque, ut opibus illorum humanitatibus crudelitatem tuam in me averterem, cum filium tuum essem, et mihi intervenirent ita ut erga me paulam benignitatem ostendere cogereris. Sed, infesta fata, ac putendum est fortasse tuo in caelo patri, Deo, aeque ac tuo, me odio esse, dum interdiu per silvam ibo, casu occurri fratri Ernesto, qui permotus clare voce ululare plorareque coepit tamquam vim inferrem et quod metuo ne alii me malum comittere existimarent, manum, ut sonitum compescerem, promovi, sed contigit quod puer, antequam quidquid compertum mihi erat, humi iacuit nec vixit, id quod gravissime deploro, ego enim multo benignior sum quam me habes, aliquid oportet te procreatorem perbene recognoscere.'

Victorius, cum monstrum verba facere destitisset, post intervallo locutus est. 'Dicis?' Inquit, 'Quid quod suspicor, ut ancilla damnata esset, tibi monile prope cadaver fuisse ponendum, sicut magistratus illam nefandum in eam admisisse arguere possent non in te? An fefellit me res?'

'Ista non egi. Discedam mortuus si mentiar. Quod de monile, de re dies complures post comperi, cum causae compertum per actas diurnas in via inventas haberem. Ne ancilla capitis damnaret certe cupiebam, at quid evenisset, si ad eam exculpendam apparuissem et testamentum adhibere conatus sim? Quod monile aderat, super rem reputavi, et dico, vel puerum id forte prius invenisse, vel eum ancillae surripuisse. Aliter doce me, quomodo monile ancillae inscienti egomet arriperem? Fortasse illexi femellam pulchris verbis blanditisque et eae exuviam surripui? Cur nunc taces? Aliquid huius criminationis volo audire.'

'Quid? Ego ignosco perdonoque? Variae certe res humanae sunt et nobis munerare bona malaque intermiscere irridens Naturae saepius placet. De monile confitendum mihi me debere te opprobrio liberare, idem ac non me ipsum possum, cum erratum febris commisissem in te creando. Famam in cassum dementi et intemperanter persecutus sum. Probe talionem e me sume. Damnatus nullum alium dabo.'

'Num, pater, credis me sic crudelem ut tu est, ut Naturae, quamvis ea nos irrideat, eius ius violare velim atque ab Elizabetha maritum abscindere? Num aliis, tu, qui me creavisti, me plus malefacientem facis?

Sane, si ex me nescio quis rogaret, cum audivisset te mecum tam male agere, "Quid sit cur genitorem tam remissum, aut potius tam durum, uxore non tu ipsus quidem privas?" Mite autem ego ex eo requirerem, "Quamobrem tantum malum commissurus sim, cum, ut me eius sordes detergat, mox mihi uxorem mei Pater eodem modo quam me facere polliceatur?" Vah, mea verba exhorrescis. Licet fastidiosus sis, operam noli perdere negando te id effici posse. Mulierem, pater mi, facturus es, ut non modo beatus, sed etiam benigne vitam agam, solus enim sum, propterea quod, desperans, mala facio, utrum volo an non. Sed obstupefactus nunc videris.' Nullo responsi excepto, subridens Monstrum haec adiecit. 'Utique quod conticescis, aures contumeliose non offendis. Sollicitudinem quidem in praesente dimissam atque expectationem meum procrastino. Ventos audimus satis cantitare et aestimo fore ut tempestas non prius sub diluculum decrescet, cum hic nihil delectionis praeter quietum habetur defesse tu nunc cubitum ii, ubi in grabato saepius inquietus recubavi. Hanc noctem in scamno remanebo. At mane tamen ne timeas contra meam spem respondere, ne mentiaris quidem, mea fide quodlibet enim responsum feceris, te incolumem reducam. Quidni? Si mihi in re obstiteris, vita tibi, mihi quoque, nisi fallor, peior morte erit.'

Victorius autem, nullo contra haec dicto, multam noctem secum reputabat, dum consilium tandem cepit et bene mane experrectus monstrum, qui iam vigilat, qui id quod pater mallet, aequo animo, nullo rogato, expectabat, his verbis ingenue alloquitur, 'Promittesne promissumque facies te uxoremque novam, equis calcibus excitatis, longinquos locos, quos numquam relicturi, vos petituros?'

'Sed mi pater, plus promittam quam rogor nam, cum uxore a te facta, disiunctissimas ultimas terras adeo peragrabimus, usque ad silvam longissimam remotam, qua in nemo aderit, qui isto similis, neque umquam redibimus, aut etiam gradu regrediamur verisimile erit. Quid non ita? Requiro. Ut odio animum meum homines denuo imbuere possint? Verumtamen hoc quidem promitto, dummodo sine molesto vivere possimus, propior appropinquet terminalis mei dies, ultimo meo spirito, te istaque non maledicturum.'

'Ut flagitavisti sic accipias.'

Monstrum animo elato, 'Pluris,' inquit, 'non opus erit. Proficiscamur.' Tugurio relicto, sine verbis sed multa in animis ponderantes descendebant. Simul autem cum tandem ad montis radicem pervenissent, addit haec verba, 'Impatiens nimirum opperiar, dum tuum promissum actis convenerit, nec procul ero ab te operam gerente, nam propono ut ad ius te arte teneam.' Priusquam is respondeat, celerius quam ut oculus sequatur, degreditur.

Victorius dum redibat domum, rursus multa in mente agitabat et ex itinere, patrem laetum, qui eum maturius opinione viderit, docuit se aliquantisper abfore ut in alium oppidum transigeret, ubi negotiolum ad studia physiologiae pertinens, ob quae defuncta in Universitate professores medicae sibi doctoratum tribuerent, per quod civibus praesertim laborantibus aliquid boni se retribueret. Ubi iterum rediret, continuo Elizabetham ducturum.

Veniam impetravit, ne illa quidem nox se deterruit

procellosa, quin statim profectus alacri equo in Ingolstadt contenderet, ubi proximo die initium consilii rapuit, suscepitque ad sui instrumenta e conclavi in villam conductam, quae remota in silva ultra oppidum sita esset, transferenda et e libitinario, cui confidere poterat, carnis membrorumque mercem prudens paravit, nec mentio nobis omittenda est, quod emit complures manuballistulas, quas in villa, in locis ex quibus facilius sibi sumeret, condidit. Tunc, monstro, quamquam semper eum praesentem sensit, non viso, se laboribus sputatilicis mandavit, a quibus, dies noctesque faciens, articulis partibusque multorum corporum, ut unum formaret, conglutinandis, novam mulierem, ut dicam, patravit. Monstrum, quod prope fenestram adstabat, cum illam tandem perfectam conspexisset, subito irrumpit exclamans, 'Quietemne,' inquit, 'iam illa capit?'

'Adhuc ea Morti est. Sed vitam sic infusio ut eam ei adimam. Ecce.'

Nova movetur.

Monstrum, 'O gaudium,' inquit, 'mea femina vivit. Gaudete gentes omnes, quod hac die apud vos talis mulier adest. Pater concinna creavisti. Supra modum formosam es, uxor mea, his longis diebus te iam amo, licet te usque ad hanc diem modo somniarem, posthac verum semper amabo. Veni, carissima, asylum una nobis in alia terra petitum properemus, nam nemo hic erit qui, cum te tolerare debeat, quin fovere etiam, sine verbo tamen necare conentur.'

At Victorius, ubi videt monstrum se observare neglegere, manuballistulas paratas celatasque quam celerissime expromit, linea ducta, glandes plumbeas emittit, quibus in singulos mortiferam plagam inferatur, sed etsi femina certe conficitur, monstrum tamen modo vulneratum ululans satis viribus uti potest, ut fenestra exiliat et sibi fugam det alacriorem quam ut rursus petatur ab aliis glandis, Victorius egressus secure ferens persequitur in nebulosam silvam, in qua mox autem vestigia amittit, nequiquam pergere censet, tunc sibi, 'Habet,' inquit, 'certe. Sinam ut eat quolibet, ubi sempiterne cubet, satis enim fuerat vulnus, sperandum est.'

Regressus horribilissimam novam feminam a secure laniatam cum instrumentis, rogo impositam instructo cremavit et flammas usque ad bene mane, multa apud animum revolvens, observabat. Tandem profectus, equo vecto iter flexit Genevam potius ad sui domum, ut Henricum amicum visitaret quoniam defessus et conturbatus erat, voluit apud eum aliquos dies se remittere dareque otio ad animum reficiendum allevandumque, quo laetior domi coram Patrem Elizabethamque se gerret, at, horribile ad videndum, ubi primum in conclave intrat, amici cadaver humi conspicit.

Brevis sane attonitus immobilisque hesitabat, cum a terga plaga in occipitium accepta deiectus est et prostratus iacens omni sensu privatur.

Nescio quantum temporis post a vigilibus est suscitatus, qui eum arreptum abducunt, in viis finiti adstantes conspicientesque, quasi esset interfector, eum submissis vocibus insequi coeperunt ad carcerem in quem denique coniectus est, at non diutinus illic iacuit antequam ad forum inductus ubi stat coram iudice, qui dixit: Reum eum factum esse, qui necandi accusaretur, sed pater Victorii qui advocatus iam huc venerat, appropinquavit ad filii causam orandam, is autem conturbatus, interpellavit, 'Mi Pater, nullo modo,' inquit, 'hic moraris, inimicum enim, qui fratrem interfecit et me nunc aggressus est, ad villam iturum, sentio, Elizabetham iugulatum. Continuo igitur inde te recipe.'

Sed ille, 'Mi fili, bono animo sis, scito me ibi custodies multos iam collocare armatos valentesque. Re praesenti tibi in discrimine succurrendum.' Tum iudici, 'Medici spectati, qui corpus inspexit, testem adhibebo, qui dixisset cervices Henrici fractas a manibus esse, id quod filius efficere non potuisset neque homo non super naturam natus. Atque eodem modo necatus alter filius meus est. Nonne ut utrumque idem interfecerit verisimile est? Atque adeo hoc malum facinus meus committere non possit, quoniam procul, Ingolstadti, tempore eodem aberat, ut id probem. eius negotiatores ab eo avocabo, addo quod ictum a tergum filius accepit, quem Henricus amicus non inferre potuisset, certe, si quidem pugnaret, at si quis diceret quidem eos pugnavisse, admirandam esse rem praeter opinionem respondebo, coram Deum asservare habeo, tam amicissimos usque ad filios semper esse et antehac inter eos ne durum quidem verbum unum fecisse, nec tunc aliter fieri credi potest. Quis alius, igitur, est homicida, praeter ipsum, a quo incautus fuit exceptus filius? Denique precor ut dubites criminari, consideras verba, optimum civem demittas.'

Accusator autem, quem iudex procedere iussit, 'Complures cives,' inquit, 'mihi ea, quae ad reum pertineant, docent: Se has multas menses multa insolita vidisse, quibus honesti non utantur. Hunc eos persaepe visitare, quos boni viri haud libenter visitarent, velut libitinarios et eos qui cadaveribus cruces purgant. Ad summam, ubicumque mortui iacerent, ibi huic versatum esse, noctu prorsus, neque umquam interdiu, interdum hunc in silvis cum monstro sermonem habere. Perdifficilis est, esto, omnibus famis credere, verumtamen illi homines, qui has res conspexisse affirmant, qui testificabuntur, non sunt quibus facile diffidas. Eos producam et ex illis erunt complures, pro certo quos honestissimos habebimus, ex quo fit ut reum noxium esse decernere facilius possimus.'

Tunc demum, cum iudex diu deliberaverat: Haec vix brevi temporis spatio explicari posse, causam igitur in alterum diem differret, interim autem in carcere remanendum esset.

Pater, priusquam filius custodibus tradatur, ei, 'Haud,' inquit, 'ad liquidum mihi fingere possum, quomodo in sermonem venerint hae famae, quas perquam insolitas ille per testes auditum iri promissit.'

'Rumores cum vera raro conveniunt.'

'Probe, mi filii. Animum saltem erigas, causidicum enim praeclarum cras huc adducam, qui non est, qui praecox desistat, et eatenus accusator arguet et illi talia susurri rumores servient, quoad haec confutabit refelletque atque ut demum tu criminis absolvatur, valde obdurabit.'

Filius, suspirio ducto, 'Utinam,' inquit, 'ancillam nostram iste vindicavisset, sed, ut tam bene scio, quod factum est, est factum, quaeso modo statim domum petas et facias ne custodes neve interdiu neve nocte se remittant, illis quidem imperandum sit ut, nocte praesertim, inopinatum quem ineuntem interficiant, nullo verbo dato.'

Pater, submissa voce, 'Quemnam dicis?' Inquit.

Hic eodem modo, 'Monstrum,' inquit. Deinde, custodibus impatientibus cum seduceretur, 'Festines nunc et in crastinum, Pater carissime.'

Tunc Victorius deductus in carcere miserrimus iacens et, quia calamitatem exanclaverat, ut nemo praeter Mors ipse visitet, vehementer iam precatur usque ad mediam noctem, ubi, tempestate orta, multis fulminibus et tonitrubus caelum complent, cum clamorem in androne sublatum incipit et multorum ploratus, sed subito silet extra dein ianua retracta intrat monstrum ipsum.

Victorius accedit ut apprendat. 'Aut mihi,' inquit, 'aut tibi moriendum.'

Illud irridens evadit et manuballistulam prae se fert. 'Ferrum,' inquit, 'indicat uno modo exitium, non tamen uti in animo habeo et spero fore ut paulisper conquiescas, etiam te roges, quomodo tu me delere possis, cum tu me adeo aedificavisti ut meipsum quomodo necari non sciam.' Camisiam semovet. 'Ecce vulnus quod in me intulisti. Etiam nunc plumbeam glandem in cordi me ursit, neque autem tantum ut, plane, mihi vitam adimat, licet crucier, neque mentionem alterius aegritudinis faciam, quam in me intulisti, cum me uxore fraudavisses. At contra tui spem, ut puto, mihi non placuit te illico necare, nam nuce facio tuum mortem, sit enim parum quam ut mihi satis ultionis praebeat et ob eo volup anceps excipiam. Itaque noli timere, nam ego in usu te habiturus. Haec autem hactenus. Veniendum tibi mecum.'

'Nihil tui metuo et malo hic cunctari, et mori pili aestimo, et si vivam, innocentem, me sic caedibus conspectis nunc iudices comprobabunt.'

'Perperam tenes, mihi tantundem est, vel te remanare aut non, sed credo secuturum ubi dico iam in tuum patrem, qui avum meum sit, puellamque me contenturum. Iudices, qui cras innocentem te decreverint, non simul in vitam suos non reducere possunt, tu prius autem potes eos defendere, si modo facultatem tibi ego hoc nocte forte languescens dem, certe volo copiam resistendi dare tibi, ne istos obtruncem, si id tibi curae, secturus sis ultra portas urbis, fortasse etiam, cum pater meus sis, satis temporis teram ut ad istos ante me pervenies. Agedum, nam nullum amplium inter nos puto dicendum.'

Victorio videlicet monstro parendum est, neque eius infandis verbis diffidere potest, quod, dum sequitur, vidit vigiles in androne in omni parte iacentes, cervicibus perfractis et in viis quoque multos cives vel cum secure decisos vel cum glandibus plumbeis transfossos passim disiectos atque item circum urbis portas, qui ibi plures custodirent, eos iugulatos. Monstrum deridens, 'Ecce plena mihi negotii,' inquit, 'haec nox fuit et haec mala tibi, ut opinor, homines, si quando mei patrem te esse discent, omnino tribuent. Ego nihil indicabo, at iudices in te aliter dixissent, quod contra naturam gestas fecisses, aut fortasse vis purgari, dein egomet laetus testificabor. At reputans, immo iam sero est, ut existimo, res humanitates apud honestos uter nostrum damnatus accedat. Ecce, ultra portas duo sunt caballi, alius alium conscendendum erit, te primum, hoc facto persequar pone intervallo paulo, in praesentia. Quin abeamus.'

Victorius, perinde ac rogatus, statim fecit et in equo celerrime vectus est per silvam villam petitum, atque ubi pervenitur in hortis custodies confectos conspexit. Veritus quidem patri puellaeque, aedes continuo introiit, sed scivit, antequam hos iam interfecti esse inventurum, monstrum, ut monstrum, se fefellisse. Dum luget maeretque, illud ipsum in horto ad eum vocavit. 'Sub Septentrionibus pacem fortasse comperies, quod in illis infestis terris facultatem mei necandi tibi praebebo, et, ut credo, si modo me Morti redderis, cui me iam dudum ademisses, eo satisfacto, denuo frui pace potes, id quod, dico, tibi ita indulgebit ut tu ad plures tandem transferatur.'

Victorius, cum suasus fiat, nullum alium verbum requirit, neque quidquam momenti terit, sed egressus in equum conscendit ut properans petat et Monstrum et mortuum ipsum sibi. Dicuntur iam per agros, quos sempiternalis nix glaciesque tergant, alius alium persequi neque umquam Victorium desinere posse, ut poenas sempiterne det, quod eius insolitae res gestae magnopere adhuc displiceant Diis.

DRACO COMES

I

Anno Domini nostri millesimo octingentesimo nonagesimo septimo in Carpathia inter montes in raeda, quod per angustas silvosas iter faciebat, Ioannes Harker, iuvenis iurisperitus, sedebat et fatigatus ab itinere Londonio sine comitibus, lethargiam vix repellens fere dormitabat, cum luporum procul ululando excitatur. Nempe capilis erectis horret et quid mirum? Postquam in Transylvaniam, terram et pulchram et praeter solitam, venerat, multos, qui nimium de magicis versipellibusque ultro dictarent, auscultabat. Modo proxima nocte cauponis uxor, cum cognovisset quo iturus esset, conturbata exclamans, 'Quam ob rem,' inquit, 'ad Comitis illius castellum contendere inconsulte vis? Nonne potius post multos annos, tu iuvenis, diutius vita beata fructus, aetate tandem maxime provectus, postpartoribus tuum carissimis patrimonium legare vis?'

'Si quidem verba istaec haud perperam teneo, aio me multos annos sane adolescere velle et magnis rebus et bonis perfungi. Sed ex eo, quod utrumque nostrum vult, sequitur ut, priusquam obsolescam, per multos annos ad cibum edendum parem, multa res emendae, multos alios videlicet casu item alere mihi erit enitendum, ob quas causas iuvenis ego dubio an temporis quidquid in litore mihi inconsulte arando teram, necesse est, potius, quaestum habeam, quod hic me bene assecuturum spero, quia res maxima quaestuosa cum Comite Dracone mihi est.'

'Oro ne illius nominem in hac terra umquam habeas in ore.'

'Dicis? Quidni?'

'Ne ille putet aliquem ex nobis se invocare.'

'Itane? Nemone eum umquam vel alloquitur vel advocat? Fortasse hoc est cur Londinium demigrare vult.'

'Demigratne? Ain' tu?'

'Ita vult.'

'At unde hoc novisti?'

'Quod in urbe illa aedes, ut in quibus commodis considat, empturus est. Quamobrem missus sum, qui ei possessoris instrumentum praebeam et tester.'

'Aliquid est quidem magni boni nobis, quod infandus aberit, eo plus mali tandem eis hominibus, qui Londinium incolant.'

'Quaeso, quo ista valent?'

'Quia Comes nostri multum a plebe sumpsit. Qualis ganeo est. Tantum etiamnunc sumit ut mox prorsus vacui simus.'

'Principes ubicumque non amantur ob vectigalia.'

'Ob illa quoque, certe, cum eo conflictamur. Aio sanguinem nostrum ipsum non satis esse Duci nostro, quod plus pecuniam iterum ac saepius poscit. Quo, autem? Pagis viisque nulla prosit. Ubicumque cassum vidimus.'

'Lucrum est sibi, sane, cum aedes plurimo quam in aliis urbibus stet Londini.'

'Austera sunt tua verba ad audiendum, etiam ad effandum, cum tibi pars referatur, nonne est?'

'Sed vectigalibus idem sum obnoxius, parum, dico, recipio in vice, sed attamen me tui paenitet, quod, ubi exiverit, vectigalia alius Comes sine dubio magis exercebit. Avidior semper novus.'

'Amplus malitiosum futurum esse alium, id in dubium vocare audeo, et ob hanc causam quo magis paenitendum erit fortasse Londini populo.'

'Ah, sed apud nos tot exactoribus publicanis iam laboramus, et tot vigent magistratus nescio quibus administrantis, quot omnino enumerare in fastidium eat, adeo ut eiusmodi unus nobis plus, si quando alius sui generis sibi adici sinent, dolori non possit magis afficere, vel animadverti potius, tamen, fatendum est, nihil de re metuere debebimus, quandoquidem nostri, qui rem publicam administrant, fere neminem alium in rebus propriis participem ferre possunt, praecipue in eo quod ad pecuniam pertinet. Quin etiam, illum contra perbrevi tempore vectigali noxium facient nostri cum maxima sedulitate.'

'Euge. Utinam sic mittere cogatur eo usque ut mirum in modo macer fiat, deinde satius erit detruncari.'

Hic subridens, 'Quaeso, vocem deminue.' Inquit. 'Nolo illum, ista audita, rem reputare, nam fac qui ego sum te esse, conductus sum solus ad negotium Comitis transigendum. Si officio non possum perfungi, nihil pecuniae congeram, ita ut non possim me feminam, cui fidem hos multas menses obligo, tempestive ducere.'

'Equidem non possum facere quin velim illum hinc quam celerrime procedere, sed etiamsi bona a te empta data sponsae oblectamento erunt, illum, cum ibi adsit, valde aliter tua ducat. Eheu, misera femina.'

'Misera? Quid iam? Duces et eiusmodi Londini non sunt, quibus utamur uxor egoque, aut etiam apud eos semel aut umquam accipiamur. Certe magni interest mea mecum nihil penuriae sustinere ut cogetur, sed id quod verisimile sit, nisi ego Draconis, ah, veniam des, illius rem bene geram.'

'Malebam dicere eae misereri, quod tua tibi iam desit, tamquam vidua facias.'

'Male dicis.'

'Sed tibi metuo, quia multa periculi, quae in patria tua ignota sunt, hic imminent.'

'Noli anxiam habere, nam paratus sum. Cum iter extra fines faciebam, soleo mecum manuballistulam, *Webley RIC* nomine, habere, sex glandibus plumbeis instructam. Ecce.'

'Istam probe miror, non nego, sed quaeso, accipe hoc tutelae signum et pollicere semper te id gesturum, ut uxorem matremque tuam ex dolore serves.' Mulier Christi crucifixi simulacrum parvulum ad monilem adligatum porrexit. Num respuere potuit?

Ioannes nunc in raeda a Comite missa sedens verborum mulieris reminiscebatur nec distinctionem veritatis et fantasiae erat facilis ei cernere, sed aliquid plus quam intelligere posse eam dixisse suspici coepit, cum tunc abrupte sistit contra spem raeda et a multis lupis, qui e tenebris apparent, qui dentes ingentes praebent, simula atque circumamicta est, at qualis fortuna, nam manuballistula de qua nuper gloriatus est, tum in sarcina ad tectum alligata erat, neque aliquid aliud quam crucifixum ad manum erat, quo se defendere posset. At tunc fere metu animam ebulliit, lupi enim in eo visi sunt ut agressi raeda inrumperent, agitator, qui non prius ea unum verbum emiserat, qui cum paenula os praeter oculos tectus est, desilit nec quidquam timoris manifestus, a signo cum manu, lupos dimissit, qui, quasi mansuescant, se ultra conspectum mite subducunt. Conversus ad Ioannem, 'Ecce castellum,' inquit et continuo, cum primum Ioannes descendisset, scandit raedam et, sarcina in humum deiecta, equis excitatis, in tenebras avectus est.

At nihil castellae adesse videbatur et quia lupi undique ululantes redire coeperunt, Ioannes, dentes crepantes, expromere manuballistulam e sarcina festinabat, cum ex aere grandem castellum apparet et portae ferreae se moventes, stridentes expandunt. Vir procerus candelabrum tenens, quo tenebras repellat, statim egressus est, qui quidem horribilem speciem praebet, quae non multo distat a cadavere, nuper macri, nunc sanguine saginato, voce parva asperaque, 'Ego,' inquit, 'Draco te excipio, ingredere, ut pro domino ipso aedibus fruaris oro obsecroque.'

Prae terrore vix primo respondere potuit, tandem, 'Comes,' inquit, 'permultas gratias tibi ago. Gaudio quidem facultas adiuvandi ministrandique in tuis negotiis tam benigne mihi dari.'

'Benignior quam ut referam tu es erga me. Sed sonitu dentium percipio te hic frigere. Veni iuxta focum te fotum.'

Ioannes, sic male affectus, nec lupos obliviscens non

haesitavit quin Draconem festinans intraret castellam et, 'Addamne,' inquit, 'quod in tempore advenis, quoniam hic lupi mihi parvulum molestiae sunt?'

'Molesti? Liberi noctis? Sed tale cantant quale bellissimum ad aures omnium est.'

'Per me cantant ad surdas.'

'Teneo. Te illis hominum sermonem praefers.'

'Necesse est, quod Londini lupis caremus.'

'Vera dicis? Hic res admodum differt, quoniam lupis homines perquam rariores facti sunt, hii migrant et magnas urbes stipant, illi immigrant. Nunc, dum aratra se rubiginem obducunt, per agros calamitosos currunt, fundos spadoninos incolunt, semitas fidenter invadunt, fora frequentant et, ne plura dicam, ubicumque pro oppidanis incedant. Sed licet illorum cantandum aliquid non sit quod me displiceat, tametsi hominum voces denuo exaudire velim, quapropter ego quoque migraturus sum, ut rursus illorum in urbe tua infinita satis superque delicias sapiam.'

'Domine, interim tu es Londini, utinam ne lupi ad castellam perveniant heredes.'

Comes hilaris salem accipit et, 'Durabiliores certe rusticis,' inquit, 'sed sum qui efficiam ut diuturno spatio illi expectabunt, dum ultimam diem claudam, praeterea, me absente, domum obtinebunt, quae ferociores sint lupis. Sed nunc, quod luporum vocibus non faves, credo eo minus aures tuas illorum cantu frui posse antequam pane vinoque ventrum servas, venias, precor, ut itineris incommoditatem cum igne alimentoque dissolvas.'

Mox per opacas ambages lapidibus immensis munitas ad aulam splendidissimam pervenerunt, qua in sita erat mensa amplissima exstructa, circum quam sex convivae consedebant, quibus nonnulli servi deformes, quamquam alacres, administrabant, sed cum festive loqui deberent, convivae vultibus lugubribus tacebant, reticebant etiam.

Draco, ubi tradit servo cuidam, e ceteris pravissimo, candelabrum atque ad novum hospitem curiose servandum indixit, Ioanni, 'Consedeas,' inquit, 'prope me et, quae oculos delectent, si ea saporem habere credis, sumas, ceterum si quid mensa deest, id, quaeso, ex servo poscas. Egomet cenavi, sic nullam edens contentus ero verbis tuis absorbendis ut tuae patriae permulta discam. Obiter, ceteri nihil sermonicari animadvertis. Magni rem noli facere, nam etiamsi inurbani esse videantur, mores autem inter nos non conveniunt et cum lingua tua non uti possint non tibi alieno loquendo displicere volunt, ita silentio edunt.'

'Quaeso, non molestum erit, si inter se festive loquentes ingenio indulserint.'

'Ut placaris, igitur, eis licebit.' Haec verba ad omnes audiendos proiecit, at illi numquam ora aperuerunt praeterquam frustum sumpserunt.

Ioannes, dum catillos patinasque servus adponebat, quibus fames depelleretur, interrogatus super suam patriam Comitem scientiorem fecit, nec, cena dimissa et aliis hospitibus discessis, ille interrogare desiit usque ad multam noctem, ubi ignis in foco erat caducus, tum ridens, 'Amice, me ignoscere debeas,' inquit, 'quod diligentius tua verba colo quam teipsum hospitem, qui somnum capere cupidis, quoad nunc ego omissus debeo pati ut recreas dormiasque, quantum velis, et expectandum mihi, dum tu paratus fias, non prius certe, cum tecum refecto repetam negotium, denique, dum apud me deverteris, domum meam habeas tuam et quolibet velis ire, libenter eas, nam ianuas intus ex magna parte non obserare invenies, item quodlibet velis ex servis requirere, tibi rogati, mea auctore, iussi suppeditare semper, etiam tu mihi praeferent, prorsus nullum tu desideres velim.'

Dimissus, a servo illo, qui, ut iam commemoratus, maximus ex omnibus malevolus pravusque videbatur, ad cubiculum magnificium deductus est, quo in, lecto ad multum diem tento, se redintegrato egressus per vastum castellum palatus nec Draconem neque hospites alios vel vidit vel audiit, nemini quidem praeter alium servum occurrit, qui omnes linguis desse videbantur, solus igitur prandit.

Sub vesperum in cubiculo, in sui speculum ad utendum in itinere, quoniam aedes defecit, intuens mentum radit, ut concinnus fit cenaturus, cum servus, qui a Dracone eum advocet missus est, qui, ut bis supra mentionem fecimus, cum videatur perquam malevolus esse, longe deformissimus certe, intravit et cohorrescens, 'Dominus meus,' inquit, 'et speculum et Christi signum aegre fert, oro ut mihi tradas ad ea utraque delenda.'

'Quid? Nullo modo. Draco Comes enim mihi hospiti multum morigerari credo aeque ac fidem illi probe habeo. Ut honestissimorum esse adsolent. Scio igitur illum ex me haec non requisiturum, quod si voluerit, ipsi responsum faciam neque rei quidquam amplum hic tibi dicam.'

Servus os deforme duxit, sed tacitus, eum vestitum ad Draconis tablinum deduxit, ubi ille alloquens alacer, 'Amice,' inquit, 'quod qui me adiuvas ad tempus venis gaudio. Cenabimus ubi primum, negotio perfecto, cum instrumento aedium et signato et obsignato tabellarium meum statim in Britanniam, Londinium emiserim.'

'Domine, non necesse est isto uti, quia cras instrumentum ferens mature profectus in Patriam omni festinatione celerabo.'

'At si praepropere nos reliquas, nihil beneficii futurum sit mihi, qui facultatem tibi dare velim hospitalitate mea satis fruendi.'

Noluit quidem, nam locum nescio quo modo duxit esse mysticum, id quod sibi homini ordinariae mentis erat, ut minimum dicamus, incommodum, attamen honeste veniam petiit, et sic, 'Beneficium tuum,' inquit, 'plane non spernere posthabereque possum nisi amentia laborem, verumtamen, si cunctus sim, ego in aliam, qui nemo est indignior quam noceam, dolorem defectionis inficiam.'

'Ignoscas mihi, sed nescio ad quam haec verba spectare.'

'Feminam, qui me expectet, sponsam. Fore ut a me brevi tempero se ducatur sperat. Ecce.' Minutam tabulam, in qua sponsae, Minna nomine, imago infixa fuit, exprompsit, quam Draco inspectaret.

Ille, 'Iudicium,' inquit, 'habes. Sane inurbanum me fore reor, si tu retineret, diutius certe quam sex dies, quos e te peto, non solum quod magnum delectis et honoris mihi erit tu sapientissimus apud me morari, sed etiam, ego multa, ut spero, super Londinium commercium a te doctus ero, ita ut in futurum tibi invicem magnopere prosim et in foro et re publica, ex illis rebus polliceor mulierem praegaudendi causam habituram, te quoque profecto, quod paucos dies tu manseris.'

'Sex dies haud diutini est.'

'Sed brevius praetereunt ii quam ut velim. Quid ergo est? Gratias quidem tibi agimus, quod approbationem accipimus.'

Continuo ad negotia gerenda se applicaverunt, quo brevius confecta essent, abierunt ad aulam cenatum.

Ibi Ioannes vidit omnia esse eadem ac vesperi heri fuisse, praeterquam quod quinque solum diversantes, unus videlicet abest, circum mensam eodem modo taciti considerent. Item sicut proxima nocte Draco rursus iuxta eum se posuit et de multis, quae Londini transigerentur cum eo egit neque quidquam e patinis sibi adsumpsit. Postremo, ceteris dimissis, iterum morati sunt ad multam noctem antequam ipse quoque dimissus est. Sic res confectae sunt in nocte quaque secuta, cena enim minus alius hospes acta est, dum unus praeter Ioannem et Comem ad mensam consedit, nempe in silentio, cui Draco tandem sic alloquitur renidens, 'Haud plus nostra verba audienda tibi. Reliquas nos igitur et bene dormias antequam officium perfungeris.' Cum ille discessit, Ioanni, 'Cras nocte,' inquit, 'ultimam cenam tu egoque adponam gustabimus, deinde nos quique longum iter faciemus, alius ex alio, Londinium vel negotium actum vel uxore usum.' Tunc ridet ita ut dentes ingentes acutosque detegeret.

Ioannes hiis conspectis non se commodius habuit quin formidaret, paene horresceret, facie simulavit autem se putere illum optima fide dixisse nec se ob eum timere neque aliquid mali in ultimam noctem parare, idem quae in alios intulisset, ut fieri demum existimavit, quippe qui ex omnium occulis erepti essent alii hospites. Itaque se gessit perinde atque usque hanc noctem, nisi oravit ut hoc nocte mature quietem caperet.

Comes, labra lambita, 'Ut vis,' inquit, 'sic volo, mi amice, nam maxime interest mea ne cras tui societatis sapor, cum tibi somnus deficiat, marceat.'

Ioannes, gratiis obsequiosis studiose actis, abiit in cubiculum, sed non solum non dormitum sed etiam, suis convasatis, suscipit curavitque vigilas servandas, dum neminem in castello evigilare sentiret, tum sarcinam portans cubiculo relicto quaesit portas, quibus e castella egrederetur, profugeret via ad vicum ferente, en autem quasque obserere experimento invenit, tandem autem contingit quod cum laetas voces, quae e pavimento viderentur emitti, exaudivit tum fere simul in ianuam ferream apertam imprudens praecepsque offensavit, ultra quam autem per opacum, ob lumina tenuia inferne ab loco ubi stetit, scalas potuit deorsum cernere.

Sibi, 'Aliquid,' inquit, 'mihi subolet hic. Multos exaudio lascivibundos. Qui sunt? Nonne hospites castellam iam reliquerunt? Neque existimare possum quid fiat, nec volo videre, verumtamen adversandum mihi est, ne committam errorem coniectans res contra naturam, etiam atroces facere Comem Draconem, quia explicabiles ignoro.'

Inde caute, suspendo pede, degressus est et ad pergrandem cryptam sordidam putidamque, cuius anguli illuvie complentur, quae a facibus illuminata est, pervenit, ubi quam celerrime vero prudens in umbris se latet, cum in media Draco xerampelinas gerens et tres mirum in modo foedas mulieres, qui syntheses atras gerant, ad mensam accumbunt, quos servi ministrent cantantes taeterrimum lessum et laeti ridentes, in hoc puncto temporis invitus attonitusque aspicit hospitem paenultimum iacentem membratim divisum alterum ferculum esse, ecce etiam nunc servus distortus, scissor, omasum secat, dum prima femina libenter cutem e carne findit deglubitque et devorat, secunda ossibus corrodendis deligatur et medullam sugendo extraxit, tertia viscera ut se satiet libenter gulam suffarcinat, interim Comes sanguinem e carne expressam absorbet, quocum corpus gliscit praefulget eius facies magis magisque rubore. Satisfactus tandem labra claudit cum strepitu et 'Intuemini, comissantes,' inquit, 'convivii larvam. Sic finem habet mortalis, ut hic adest quidem neque epulis interest, nam placentam quamvis devovet cum nulla ratione conveniat, nisi guttur gutturem caecet. Nobis immortalibus obscenum plane flagitiosumque sit talem exitum, et obsequias pro hoc festivo symposio exhibere.'

Mulieres omnes ex suas partes querere incipiunt et sic respondent vocibus sublatis, 'Nonne nos mortis participes quoque erimus, nisi cibum proprium nobis suppeditabitur, perinde ac in pristinis diebus, homines, qui opimi multi circum nos locos incolebant, edendi copiam praebuerunt? In singulos dies mortalibus illis magis indigemus, ita ut nos nesciamus, post eorum relictos ederimus. Quisnam in cras, abiturus tu est rogatus, supremum locum in mensa possideat?'

Benigne verba haec eis refert, 'Tranquillitatem habete carissimae meae et aequo animo sitis. Per diutinum tempus non me expectandum erit vobis, neque nunc vos famis curas per mentes urgere oportet, quod hoc promissum faciam me ex urbe ingenti tantam copiam cibi, quanta maius quam umquam prius vobis suffecerim, mature importaturum. Homines, qui innumeri in sua urbe illa sint perquam inutiles, pauperes qui vitam inritam agitent, allecti a pecunia mea, e Britannica huc demigrabunt qui funda oppidaque denuo compleant et quoque satis superque dapum suppeditent, vel volentes vel nolentes.'

'Una mulier diffisa, 'Num,' inquit, 'ibi nobiles volunt tot capita amittere.'

'Contra, negotio indulgebunt, id enim levigabit, sicut putent, quod pauciores ab se debeant curari alique, ob quam causam ipsos bonosque nequiquam consumere coguntur quod religione adstringantur, ah, propter eius mentionem alicuius reminiscor, quod ad hospitem nostrum ex urbe illa pertinet.' Conversus, iubet unum servum, eumdem qui malitiosus deformisque signum Christi Ioannis et speculum parvum viderat, illum signum saltem, ne id proximam cenam polluat, adimere dum hospes reverendus dormiret.

Ioannes, haec audita, aegre mentem compescit, cum aestimaret se ipsum ultimam cenam eis monstris praestiturum, et nempe, priusquam servus Draconi pareat, se, animus in naso, ad cubiculum confert, ubi manuballistulam e sarcina raptim expromit, at timens ne eius sonitus ceteros moneat, candelabro pro hac adsumpto, latens in tenebris praestolabatur dum quem Dracone missum, aggrediatur, quid in usus venit, nam, illum, ubi in conclave repit, Ioannes de improviso a tergo cum candelabro sternit. 'Habet,' inquit triumphans. Sed non vult corpus criminis ibi visum esse, porro iam gemit seque movet, itaque tractum, sublatum de fenestra eum demittit, qui per spatium multorum pedium festino itinere cadit, ut quam durum esse solum experiatur. Iamiam is, 'Bene facis, amice,' inquit, 'nam mihi devolans refers, qua via hinc subterfugiam.' Tum post supellectilibus ianuam obstruxit, stragulas e lecto eripit, quas, ut efficiat funem, continuat, et eius alteram ultimam partem ad lectum allegit, alteram demittit ad solum, quo descendit, statim viam ferentem ad vicum cepit et dum iter facit glande emisit per dentes lupi cuiusdam, qui ferus ringens alacriter sequebatur studiosus clunes petitum, ita ut unus demum ex ceteris numquam rursus cantaret.

II

Londini, duo menses post, Minae sponsae epistula ex Ioanne reddita est: Se Budepesti moratum esse, quod aegrotavisset. Ne de se sollicitaretur. Tunc se fere totius recreavisse. Brevi se rediturum esse.

Quoad diem hunc sollicitabatur, quod diutina spe frustra alias litteras super alias reddendas tradidit, nullas per vices recepit, denique igitur non solum animum lenem et tranquillum denuo obtinuit, sed etiam se Budepestem ad sponsum iter facturam statuit, ubi carissimo maturius nuberet. Quid mirum igitur statim ad amicam optimam Luciam novum refertum se contulit?

Illa, 'Gaudio,' inquit, 'quod tuus vir melitus est salvus et anxietate extincta vobis rursus bellas res secure agitur. Quod tu ad eum peregrinata ibit, id maximi certe sentio, sperans modo te brevi spatio anulo aureo gerente redituram, et hoc die te non solam uxorem hic factam invenies, quoniam memet quoque, quod temporis restet, non solam vitam agam, ut modo egomet post heri scio.'

'Papae. Num alicuius uxor fies?'

'Fiam.'

'Nunc tu miro in modo in summam expectationem me adducis. Dic, mi ocule, quaeso, quomodo aliquid tam sonticum, tam splendidum, tam subito contingit?'

'Bene novisti me numquam quidquam agitare ut me temere promoveam, at nimio saepe mihi beneficias fortuna ipsa tribuit et heri hoc perbene eventum est quod tres viri uno die, alius ex alio, e me petiit ut sibi nuberem.'

'Ter admirandae rei. Qui homines sunt?'

'De eis, in ordine servans qua se quisque prompserunt enarrabo. Primus ex eis viris praeclaris, medicus, nomine Ioannes Seward, qui in insanorum animum calliditate inquirit ut alias rationes curae componat et applicet, sicut eorum cerebra cum vi invisa icit, sicut capita cum serra aperit ut cerebra facile eos secet, quo miseros laetos reddat. Ultimum est virum esse honestissimum.'

'Peritissimus sane est et opinor eum te uxorem semper, si quando alienus tibi mens fit, admodum curaturum, id quod perquam utile erit.'

'Item censui. Sed, secundus, Quintus Morris, Americanus, artutus haudque parum virilibus est praeditus et permulta armorum scit, potissimum manuballistarum manuballistularumque, utrumque item saepius iterare possunt. In patria sua, in equo vecto, per planities immensas mirum in modum multa pecua cogit et in saltando tauro diuturnus potest consedere.'

'Is certe est, qui efficiat ut tu cottidie ex hostilibus numerosis vitam exigat, pecua curet et, tam virilis, te facilius ut sustineat crisantem. Utiliorem medico fore aestimo.'

'Ita existimabam. Ultimus vir me heri petens Arthurus Holmwood est, pulcher, disertissimus et facilis victu, eo usque ut eum perbelle ditissimum esse dicam.'

'Utilissimus sit vir, cum omnia, quae alii tibi possint referre, possit tibi emere et permultos insuper addere. Censeo inhumanum ridiculumque fore, nisi illi nubas et prece adhibeo ut sit quem exceperis is.'

Lucia laeta respondens, 'Mirum est,' inquit, 'quod dicis, nam eadem ego quoque iam censeo et, ut me probavit adamavit, sic virum ego.'

'Atque egomet igitur ob tuam causam summopere beata sum, gaudio equidem utramque nostrum proprium optimum habituros. At carissima, mihi ignoscas, quod eius mentionem facio, sed te subfessam videri existimo. Scilicet tot homines in eodem die. Aliter autem, quidquid tibi, mea cara?'

'Ne mentiar, conturbabar nuper cum dormivi, nam singula nocte eumdem in somniis hominem video, qui itinere longa trans mare facta cum navitis mirum deformibus foedisque, tamquam si sint mortui, in portum pervenit et, cadaveribus aliquot nautarum devoratis, cum impedimentis, quae capula visa sint, ad urbem se contendit, ut ibi, graviter laborans (quamquam minus vescus) esuritione, quasi exactor publicanus sit, ad negotium permultos homines consumendos incumbat, neque refrenatus sit umquam quin nitatur se promovere in re publica nec spretus esse coram nobilibus nostris, tametsi est rancidulus.'

'Praeter insolitas istas, quas vidisti. Hic autem homo, licet rancidulus, quoniam acceptus a nobilibus, etiam concinimus sit?'

'Minna, magnopere inquietata sum, quod tamquam venustum hoc horribile spectrum facias. Hominis imaginatio omnino non lepida cuiquam esse potest, nisi cum monstro iacere libidinem habeat.'

'Sed per iocum dixi. Sane iste haud amandus est, nihilominus talis, si victi facilius est et negotiator tam strenuus, commodius est illis viribus cussirilisbus, quos permultos eorum uxores cogentur perferre.'

'Num perferas cadaver domi?'

'Dii superi, num umquam me cadaver antehabere dico?'

'Neglexine dicere hominem esse cadaver? Ah, e memoria excidit.'

'Sane maximi intererat mentionem rei facere.'

'Ignosce mihi, defetiscor hos proximos dies, carissima, quod tot et mali et boni sunt recordanda quam ut ex universa quidquid facile in suo loco inderem. Cadaver quidem est, ut etiamnunc plane video, qui tamen et se movere potest et loqui. Sed quid putas? Quo spectant huius somnii res tam prodigiosae?'

'Quid dicam? Nec caput nec pes mihi de re apparet. Fortasse aliquam, quae super tales res peritissima sit, ut haec tibi interpretetur, consulendam est.'

'Multo citius quam dictum hoc consilium iam observavi, quamdam enim nuper visitavi, anus erat, quae interpretes de his praedixit me magnam felicitatem habituram.'

'Qualis sapientissima est, quae talibus auditis quale bonum praedicit. Si igitur eumdem quietem videro, sperabo mihi item aliquid propitium fore ut contingat.'

III

Inter brevium spatium res futurae evenit praeter quod anus illa praedixerat, cum in dies Lucia gravius aegrotaret et languescens magis magisque pallidius fieret. Arthurus autem (eius sponsus) e medicis multis arcessitis, qui eam curarent, nihil, quod ad eius morbum faceret, utilitatis acquirere poterat, tandem igitur amicum Ioannem S. medicum domum advocavit et dum cenant, ubi brevi fabulati sunt, vultu nubilo, 'Graviora,' inquit, 'nunc nobis erint agenda, si forte mihi eorum mentionem gratiam feceritis.'

Ioannis S. sollicitus, 'Mi amice,' inquit, 'aliquid oppressum tibi iam sentio. Libenter adiuvabo ego vel amicus vel medicus quidem.'

'Ego affectus sum, vero, sed de Lucia aegrota mea verba valuerunt, ut ei paulisper assideres oro, qui discernas utrum animo capta esset an corpore, nam alii, qui corpus sanaturos sperant, frusta iam sunt conducti.'

Permotus, 'Bene mane,' inquit, 'adsidebo, sed tua amor optimum habebit, hoc promitto, si medelam non promptissime tulerim, novi alium praestantissimum advocare.'

Id quod accidit, cum femellam bis visitavisset neque ullum mali, vel in animo vel in corpore, repperisset et morbus celerius ingravesceret, Abraham V. H. qui scientissimus ipsum pridem medicinam docuerat philosophumque, imploravit ut ex Antuepia iter faceret ad aliam sententiam dicendam.

Ille, vir benignissimus, Londinium quam celerrime properavit nec solum Luciae corpus perscrutatus est, sed etiam de rebus, quas in somno vidisset, scrupulose interrogavit. Exinde, cum Ioanne S. solo, praesenti sermo, 'Invenio,' inquit, 'perniciosam aenemiam. Agamus, non cunctandum,' inquit, 'quin sanguinem ex alio in femellam transferamus, deinde, quoniam suspicionem quandam habeo, quae mirum in modum est insolita, quam nondum pronuntiare volo, metuens ne contra rationem procedere videar, nos debemus cubiculum allii floribus spargare. Quaeso, mihi super haec paulisper indulge. Maxume autem in hoc tempore est ut ne umquam nocte ea sit sola caveamus.'

Ioannes S., 'Primus,' inquit, 'sanguinem missam dabo.'

'Neuter nostrum, amice, se offere possimus, cum necesse aegrotae causa sit nos esse faciles. Aliusne se praestitit ex quo petere possimus? Fortasse ex sponso?'

'Scilicet. Servum, qui eum reducat, statim mittam.'

'Alius certe summi interest mitti, qui flores allii

paret et cum eis cubiculum instruat, ad hoc nutrices vigilantes ad eam tota nocte assidue custodiendam desiderabimus.'

'Domine, unum solum servum adhibere soleo nisi Lucia in meo valetudinario cubet nullas nutrices iubere possim, sed eius matri suadeamus ut ancillas pro nutricibus suppeditet et aliam mittat quae allia vel legat vel emat.'

Haec e matre prompta impetrata et rebus per servos res effectis, interim Arthurus mature accessus sanguine statim misso, modo paulo tempore cunctari poterat et cum primum Luciam esse recreatam videret, continuo domum festinans rediit, quod pater aegrotaret. Mox postea tribus ancillis, cum aliquantum florum allii Luciae cubiculum sparsissent, eius mater imperavit quod admonitum fuit, ut Luciam dormientem per noctem invigilarent.

Sapientissimi viri nostri, tunc demum discesserunt aberantque quoad bene mane domum eis venitur, cum matrem prostratam in gradibus mortuam, ancillas humi iacentes omni senso privatas, Luciam in lecto semi-animatam, exterriti inveniunt.

Abraham, 'Dii superi,' inquit, 'Quale interitum factum, certe, sed potius observa flores de industria ablati sunt.'

Ioannis S. mirus, 'quidnam inter talia?'

'Nam res indicat, quidam perquam mali hanc eversionem fecit. Mox autem mater ancillaeque curanda, nunc non nobis punctum praetermittendum est, ut eam servemus. Tu, amice iuvenis, sanguinem mittere debet.'

'Libenter.'

Nihilominus, ubi id effectum erat, nondum omnino Letum deterruerunt, plus quam aut duo aut tres horas post, sanguis erat praebendus iterum, sed cum prope est ut et Ioannis S. esset exhaustus desiccatusque et requirendus Abraham ut aliquantum sui mitteret, qui autem senex parvum suppeditare possit, contigit quod Arthurus, patre mortuo, pervenit et iterum sanguinem amittere potest. Puella conservata esse videtur.

Ille vir miserrimus, certior factus attonitusque certe super res infandas immanesque priore nocte actas, Abrahae valde prudenterque admonuit et persuasit ut domum statim degressus abesset, dum seipsi, vir dives clarusque atque Ioannes S. medicus, utri Anglici, cum magistratu de matris subita morte questiones difficiliores explerent, ne peregrinatum ad eam rem lamentabilem posse admiscere credidisset, nam in externa patria natum virum capitalis criminis ille coarguere fortasse temptaturus, si praecipue, coactus ex inferiore loco dicere, rationem retulisset Abraham quem praeter solitas res, velut flores struendi, monuisse magistratui.

Ille vir sapiens, 'Consilium,' inquit, 'scite capis et parate oboediam, sed velim ipse vos monere ne umquam nocte absitis, non solum ut aegrotae curam assiduetis sed etiam ut armati iuxta eam vigiletis, quo melius fatum proferatis.'

Arthurus exclamans, 'Armati?' Inquit, 'quid igitur praeter morbum impendit? Si aliquid necatoris compertum habes, dicis.'

Respondit autem his consideratis verbis, 'Suspicor certe, sed precor veniam quod me oportet in praesenti linguam comprimere, dum demum id argumentum brevi capiam, quod tibi praebere volo nec vobis, mihi quidem diffidat ratio. Nunc agete atque inspectetis matris collum, ecce, eam duo vulnera nonne accepisse cernere potestis? Idem est in collo Luciae. Addit quod ancillae a veneno consopitae erant, quem aliquis eis adhibuerat ut hostilem, auctorem huius foeditatis, adiuvaret.'

'O malevolentiam. Sed quisnam? Cur suspicionem statim non communicas?'

'Scelestus, ut opinor, non est, quem magistratus vigilibus facilius comprendat, sed nos, si hanc rem recte iudico, poterimus illo obstare, perniciem etiam inferre. Nunc, admodum commodius erit magistratui testificari mulierem animum afflatam esse, quod morbus eius cor compescuerit, sic tu Ioannes medicus attestari poteris. Obsecro hoc solum, ut, vobis moratis, ego hic ubique res scruter, inter quas documento usuique nobis aliquid invenire possim.'

Abraham, consilio Authurus autem parum contentus impetrato, dum in omni parte rimatur, litteras, quae ab Minna, amica, Budepeste ad Luciam missae sunt, invenit, quibus in historiam horribilem de Dracone Comite ab Ioanne H. relatam pellegit, qua quidem intellexit monstrum illum esse hostem, qui sibi amicisque aliquid peius mortuo comminaretur.

At nullum rei ceteris in tempus indicavit, quia ex litteris super hirudines immensos, qui sub hominum specie procederent, multa discere voluit, exinde apprime quomodo foret ut se amicique illo arcerent, certior factus sit antequam eis persuadere conaturus ut hominem pessimum, monstrum designent, devincere esse oporteret.

Tum, is in eo est ut domum exeat, clamore brevi sublato, Lucia animum efflare exauditur.

IV

Abraham, per complures dies, in litteris elaborans apud scientissimos, verbis quibusdam occurrit in libro antiquo legens, ex eis tandem rationes monstro delendo comperit. Nihil communicavit autem prius, funus exsectus, aderat, cum deinceps puella et mater in sepulcra singula imponeretur, tandem inter lugentes Minnam et Ioannem H. (quae paulo ante in Britannia redierant) conspicit, quibuscum proloqui voluit, prius Ioanne S. et Arthuro commiserationem proferret, et eos accedit, prudenter quaesit, ut aliis absentibus, sermo praesenti secum de rebus Comitis Draconis privatim agerent, atque adeo, has quas se suspectaret, illis ostenturum promissit. Illi, quia iam Ioannis S. eum esse virum optimum sua fide confirmaverat, libenter ex eum petierunt qua auxilio se futuri essent.

Is, 'Dii vos ament,' inquit. 'Primus, velim, Minna, me doceas de somnio, cui in litteris tuis Luciae mentionem retulisti.'

Misera somniabat cadaver, imaginem vivetis hominis, phantasmam, Londinum iter facturum esse tamquamque pestem se gesturum et secundas res sibi adepturum. Haec certe erant quae mihi dixisset peregrinaturae in Transylvaniam. In illa terra mox intellexit, cum certior facta de Dracone Comite essem, quod interpres de somnio Luciae praedixisset, id omnino falsum fuisse, quod gaudium et laetitiam ei impartitura esset sors, ob quas causas ut eam admonerem, curate sibi consultaret scripsi.'

Abraham respondens, 'Ad rem,' inquit, 'haec lamentabiles sunt. Novistis iam inimicum, ceteris difficilium erit fidem habere, cum verbis pro oculis fidendum sit, tamen propediem, ubi primum quod ad certitudinem spectat id mihi consequendum fuerit, dein universis omnia declaraturus sum.'

Dehinc Abraham, dum dies dormiendo faciebat, nocte quaque rediit ad locum, ubi matris filiaeque sepulcra sita sunt, cum mulieres sanguisugas fieri duceret, se celatus, ut observaret res quae ceteris documento rerum essent, nam res incredibiles honestis viris inspectandae antequam credi poterant. Haec quas sint futura speravit, ei contigerunt. Nam crimina ab eis monstris facta ipse conspexit, quae convenerint cum nuntiis quae populo perturbato cottidie enuntiata fuerant, infantes nonnullos fuisse raptos e casis parentibus noctu dormientibus.

Itaque, postea, Ioanni S. consulenti tandem. 'Ferunturne,' inquit, 'complures liberorum cadavera, qui inter hos paucos dies parentibus clam adempti sint, sanguinis exhausti in agris viisque relicta inventa esse?'

'Inventa ex quo infelices nos iam comperimus, in urbe monstrum versari.'

'Haud secus dicis, sed alia existunt praeter unum quod iam suspectamus, dua amplius, et una ex eis est Lucia.'

'Quid hoc novae rei est?'

'Ex sepulcro nocte surgit Lucia ut praedam petat.

'Quaeso, sed nihil istarum tenere possum.'

'Id est, quod his occulis vidi.'

'Nihil peius sit possibile.'

'Ah, non omittendum est, eius matrem altrum monstrum esse, quamquam, per aetatem non potest tot infantes interficiere quot filia.'

'Pro fidem deum, domine, oro ne plus huius dicas, nam ne delires verear sic in asylum tu deducendus sit.'

'Vah. Nemini ex nobis quidquid temporis in asylo terendum, nisi vis populum ubique corrumpi videre. Quaeso, meminere te cor habere et uterque in ratione nos participes, proinde opportet excogitare, proquam res requirant, licet durae auditu sint, quomodo illo, qui Luciam matremque monstra fecit, pessum facilius dare possimus.'

'De talibus incredibilibus mihi fides deficit, etiam si eas res conspexerim, dubitatim aestimabo.'

'Nunc in tuum asylum te ipsum ululantem trahes? Compesce mentum mi iuvenis, desiste garrire, immo ut vir, cogita.'

Reminiscens se medicum esse Ioannes, sui compos factus est, 'At,' inquit, 'quinam morbus foetidus, sane prodigialis, in eas invasit?'

'Est et homo et morbus, peregrinus, qui Londini se conlocavit, qui, si ei potestatem ad se expediendum dederimus, cive quolibet utetur, perinde ac Lucia, cuius sanguinem iam adsumpsit. Nomen Draco est, Come, in Romania ortus, quocum ibi Ioannis Harker negotiator res habuit et quid homini invenit, eas res Aquinci docuit Luciam, sponsam, quae easdem res enarravit in litteris, qui relata sunt ad Luciam amicam, quas ego legans super res denique totam historiam adeptus sum. Sed Ioannis H. nunc incipit dubitare et putat quae vidisset e somnio orta ob morbo fuisse, ex quo valde laborabat Aquinci. Ei quoque suadendum erit cum experimento quod talis hostis est Comes qualis delendus erit, si volumus in posterum pace frui.'

Tum litteras illas Ioanni S. tradidit, quae perlectae rem ei aperirent. Deinde, 'Obscenum,' inquit, 'sine dubio, est, quod in hoc mundo talia exsistunt, si vero exsistunt, nam celerius ego medicus inclino etiam nunc diffidere quam amicus ex bono fide talibus credo. Tamen, cum eo ut id tecum experiar, consentiam est sane hoc monstrum diutius ampliusque se producere propagareque non oportet pati.'

'Praedico quod efficere monstrum posse certe id videas, si supini fuerimus.'

'Nonne Draconem, a morbo aliquo affectum a nobis comprehensum medeamur? Puto conare esse interesse ut alias nostras fortasse remedio invento succurramus.'

'Utinam sic conficiamus, sed etiam si eum in asylum tuum propellere poteramus et ibi retinere, aestimarem asperum difficillimumque aegrotum certe quod nihil omnino ipse vult, ut in litteris est manifestum, sanari, porro dum remedio studebimus, sanguine nutriamus necesse est, haud honorabile negotium, at existimo id impossibile fore ut purgemus et prohibeamus luem nisi a morte. At quia medici nos, illius interficiendi tamquam morbum deprimamus, nequaquam pudet.'

'Vix velle medici praecipue est necare.'

'Scito, ne parvulum quidem misericordiae illi securae praestare possimus, nam satis superque laboriosum opus erit et dirum et prorsus permagnum, neque nobis mirum in modum periculum deerit, quia Draco cenans ex eius proprio more in dies validius mox fiet, quam ut cui facilius nocere possimus. Optimum igitur erit quam primum viros fortes validosque ut socii sint impetrare, quibuscum eum consequamur, dum comprehensum concisumque consecremus igni.'

'Procul quidem ab artibus medicinae, negotium in quod ineundum et alia genere usi debet hominis, cum nullo rei militi familiaris sim, nec sis, ut aestimo. Sed fortasse nobis credere inducere poterimus Arthurum quoque Ioannem, ii praesentes permagno auxilio nobis erunt. Et reputans, quin haud scio an Quintus Morris, Americanus, qui Luciam amatam lugens in funus venisset et ibi adversaveras, nobis, ut reor, ob vires corque multo prosit. Sed Americani, negotiosi viri, spernere posthabereque solent arcana, et sunt Angli haud dissimiles, quam ob causam hoc requiro, quomodo nos eis persuasuri ut nobis coniungant? Nam sane eis difficile erit, ut dicere de me ipso possim, se his rebus credere, exinde nimirum erit, qui nihil timent, eos nolle adiuvare ad aliquid e fabula, quod eis videatur, consequendum.'

'At videre est credere. Ut iam dixi, tu erit secundus qui haec videbis, quoniam etiam nunc te dubitare iudicare utrum me delirantem necne video, erit melius, quo acrius faciliusque fias, ubi tibi temperius persuasero, ad ceteros conscribendos. Invesperascit iam proficiscendum est illuc, ubi oculis experimentum excipias.'

Egressi ex aedibus sunt progressi per tenebras mox ad mortuorum agros pervenerunt, ubi Luciae sepulcrum ab Abraha reclausum vacuum esse Ioanni admiranti demonstravit, et 'Nihil satis est,' inquit, 'quod cadaver absit argumento fore, confiteor. Opus est nobis latere et observare.'

Tandem ad multam noctem, apparet Lucia, cruore madefacta et, 'O tempora,' inquit. 'Lectum meum, quod diligens stravi ne mures foliaque invaderent, video nunc non instratum esse et folia quidem marcida penetravisse. Non decet quemlibet honestae virginalis femellaeque pudicae lectum adeo conturbare. At eo processerant tempora nostra ut vana querar, quis angelus me, quae integra adhuc aetate esse, quae marito carere, protegat? Peto bonum vir nec invenio quaque nocti ubicumque per urbem vado, Vae, nunc video prope esse ut sol oriatur, spem differre cogor religio est me dormitum ire, nam somnus artus feminae formam alit.' His dictis, statim se in sepulcro imposita lapidem subtrahit tamquam stragulum.

Abraham, Ioanni S. obstupefacto, 'Nunc,' inquit, 'abeamus ut Ioanni, Arthuro et Quinto persuadeamus, ut huc, eodem tempore nocte cras, qui easdem observent, conveniamus, ex quo intelligent necesse fore ut mihi consulant neve de re dubitent quam nobis faciendam esse. Tamen, si nolent, ne alia nocte nefanda illae committant, nobis statim delendae erunt, quare instrumenta, quibus, quicumque nobiscum sit adiuvans, id efficiemus, hinc apportabo.'

Multo postridie ceteris advocatis concionem habebatur ad convincendos alios maxume interesse secum in agros intrare observareque noctu, neque illi prius ex se requirere rationem sinebant, cum nullum verbum super res tam insolitas mature dare ausus sint, si forte nollent, ipsos insanos fecissent. Tamen ubi hac nocte omnes ad locum, in quo latendum erat, adducti sunt, Arthurus, cum sensisset se prope sponsae sepulchrum adesse, questus, 'Quidnam nobis usui est,' inquit, 'ut hic quod nescio morantes simus?'

Abraham, 'Quaeso,' inquit, 'brevi modo minue molestiam, misere, nam mox quapropter haec agenda tibi innotescet. Sed nunc, obsecro ut tu et omnes vos occultetis, taceatis.'

Hoc in articulo temporis effecto, Lucia enim quae infantem somnolentam fert, ex opaco apparet et priusquam se moveant viri, sanguinea membra ex hoc dilaniato erepta statim voravit. Postmodo, ab viso paene dementatur Arthurus primus accedit, ei se patefacit, qui est magis percussus permotusque quam ut unum verbum emittere possit. Cui conspecto Lucia exhilarans quod sponsum eximium rursus complectatur, 'Arthure,' inquit, 'me crudeliter nuper neglexisti et postremo noctu adeo pigre visitas ut nullo amoris perfungamur. Tu maturius media cras nocte cum cibo ex mea sententia, cuius, quod dives es, multum emere poteris, subvenire mihi valde esurienti debebis, si quando velis tibi nubam. Iam lucescit. Abi, defessa atque casta cubitum sola eundum. In cras noctem, mi ocelle.'

Continuo sepulcrum intratum super se operit.

Abraham ad Arthurum accessit. 'Sic,' inquit, 'ei diei lux aliena est, sic se habet item omnibus huiusmodi monstris.' Tum sentit Arthurum dolore adeo laborare ut eum flentem non iam se sustineat, comprehendit, his verbis consolatur. 'Mi amice,' inquit, 'pessimum quam quod visum nobis actum erit, quoniam opportet prohibere eam alios venari. Ut id contendamus, sponsa tua, quae monstrum facta est, quod nunc scis, nobis et ex sepulcro detrahenda et membratim lanianda, deinde cum cultris, quos apportavi, cor excissum comburendum, et clavi in oculos cum malleo tundendi et lingua cum parva sude confodienda, aures albis calculis farciendi, denique manus pedesque praecidere interest. Tace sodes, amice. Nam, hiis actis, non solum urbis liberi salvabuntur, sed etiam anima tuae femellae ex hoc morbo dimittetur. Quin certum scito, si haec facta omiserimus, consimilem lui vel larvae sempiterne vivam portentosam aget misella puellula.'

Arthurus, his auditis, cum tandem ad se paulo redisset, cum ceteris sepulcrum apertum ingreditur, ubi Abraham omnibus, saucias in femellae collo monstravit. 'Per has,' inquit, 'morbus intravit eamque ita iam polluit ut corpus obtentum gubernet. Ecce, statim eam liberemus.' Et asseras, clavas, calculos, malleum, parvas sudes et cultos e sarcina expromit. Tum quidem, dum his, ut admonuerat, utuntur comites nostri, valde vituperans querelas permultas Lucia vociferatur tamquam vivat valeatque, sed tandem, gulis fractis, multis aliis acceptis consilescit. Abraham autem, quod ab hiis crudelitatis non satis certitudinis se obtinere duxi, caput detruncatum in igni imponit et dum comburit, 'Nunc,' inquit, 'eo iit unde numquam redibit, eo confirmati nos non vacuare possumus antequam mater eodem modo a nobis statim tractatur, sed cur me inspicimus nec vos movetis? Agendum, tempus instat, haec plane luce ante adstantium oculos inoffensi numquam conemur.'

Incitantur quando Abraham alte voce utitur

postremo properant ad alterum sepulcrum, quo in aperto matrem caput nudum rodere conspiciunt, quae, 'Optimi,' inquit, 'huc veniatis, ad mensam enim adhibeo, et mira in magna cupida super coenam velim fabulemur, filia enim mea raro visitare solet, sed liberos forte vobiscum habetis? Alioquin mensa egens, tenuiter epulabimur.' Tunc maxime Arthurus plorans tandem animo linqui et delapsus humi iacet. 'Ecce,' Mater inquit, 'in tempore mortuus adest. Quaeso, unus ex vobis eum inice, qui nobis mensam secundam faciat.'

Ceteri tamen, sine mora, eam, quae eos infirmos et ineruditos homines se perquam male habere dum exclamat, ad minutas partes concidunt.

Abraham nunc aliquanto fit anxius, 'Serius verum est,' inquit, 'quam ut cadaver comburamus neque interrupti simus, sed caute existimo nos satis conficere, etiamsi non omnino perfecerimus. Videbimus. Iamiam necesse est corpora dilaniata omnia in sepulcra ante condamus, quam ex agris exeamus nec nobis sole orto conspectis.

His praeceptis haud tarde obtemperari properant, sepulcro restituto, minimum procul abest quin Arthurum, adhuc insensilem, ferentes in humeris effugiant neque animadvertantur, si modo ab eis, qui nonnulli exsequias perfungentes bene mane convenissent et per adversum funus sequentes veniant, tametsi nemo ex illis, quamvis admirentur, quippe qui cadaver ex sepulcrorum agris efferentes sic funus invertant, quidquam dicit, sic enim Anglici solitis moribus sunt cauti.

V

Abraham, cum Arthurus valuisset, omnibus, Minnae etiam et Quinto Morris, Americano, qui supra in mentionem incidit, qui quoque persuasus erat quibus de Monstris amici retulerunt, fortasse, ut opinor, quia plus credulus ceteris Patriae sui, haec verba faciens sic rationem Draconis referat: *Illum iam aetate provecto esse amplius quam annos quadringentos, iuvenilem enim sanguine hauriendo se curare, ex quo fit ut, cum hanc monstruosam vitam agat, longissimo et corporeo robore et ingenione illum seipsos longo antecellat. Si velit, alium, eumdem quam ipsum, facere, posse, sicut et Lucia et mater demonstrassent, et eo modo, illum non multum distare ab pestilentia ducendum esse, nempe in seipsos, qui eius creatos delevissent, invidiosum et valde letiferum hostem haberi oportere, nec quemquam, dum se eum aboleant, a curis vacatum iri. At spem se non debere dimittere, quod in illo monstro insit haec imbecilla esse, ut non interdiu solis lux diu ferre possit, nec dormire quidem possit praeterquam in Patriae solo, quocirca se ipsum credere illum arcas humi plenas in Britannium importasse quas in domu empta deposuisset ubi somnum cottidie facillime capiat. Ex quibus rebus necesse est ad interdiu domum intrandum fore, ut ex perruptis arcis humum sit dissipari ad requietis facultatem tollendam atque hostem per diem quemque maius exolescat donec hanc diem in qua in nihil redigatur.*

Verborum fini facta, nemo e ceteris primo dicit quam tandem Quintus, incitatus ab hostis mentione, ostendens eius manuballistulas eximias, quae *Colt 45* vocantur, 'Amici,' inquit, 'numquam vobis opus erit, promitto, eum incedaere me absente et cum hiis eo citius eum ad silentes relaturus.'

Cui Abraham, 'Fortis vir,' inquit, 'mi amice Americane, gaudio te nobis tam acriter adiungere, tamen praeceps in monstrum inruere erit dubium, fiet fortasse luctuosum, prudentibus prosequendum est, quia ille larva in rebus insolitis potissimum pollet, sic quidem ut lupum vel vespertilionem vel (quae certe plumbeam glandem non timeat) nebulam se facere possit, quamquam tantummodo inter solis occisum et ortum. Praeterea homines ideo fascinare potest, ut talia exsequantur qualiacumque velit. Itaque, manuballistis nihil opus est, sed certe commodissum fore, duco, interdiu, bene quidem mane, ut eius domum ineamus arcos perfractum, eo fiet ut mox diminuatur quo facilius interficiemus.'

Omnes tandem consenserunt, aut visus sunt, Quintus autem dissimulavit, nam postridie in Draconis domo Londini, cum ceteris incursionem faciens, manuballistulas clam secum portabat et dum per andronem procedunt, subito lacessi sunt a aliquot canibus ferocibus. Tunc armis promptis cum calefacto plumbo eos ad unum tam acriter decidit ut muri magna copia eorum sanguinis aspersi pictique sint et mirum in modum celeriter corpora eorum acervata.

Tunc Abraham, ubi primum non obstupefactus erat, haud invite, prorsus libenter confessus est his verbis, 'Sic te sapientiorem quam me probas, nam non praecavi ab talibus custodibus, non recordans Ioannis verborum, Draconem lupis etiam imperare posse, et scilicet illum his canibus potitus esse non est aliquid mirari. Posthac, ubicumque invaserimus in armis necesse nobis erit et tu Quinte dux nobis haberi, perite ab hostibus cum plumbeo igneque arcendum.'

Quintus motus ei, 'Certe,' inquit, 'hoc munere libenter fungar, eo plus alacriter quod mihi tam perbelle civiliterque ignoscis mihi contra auctoritatem agenti et quoque tam celeriter erratum confiteris, et ob hiis bis magni sapientiae tui facio neque aliis in rebus tibi umquam non aures fide praebeam.'

'Nempe gratum tibi habeo, spero modo me tibi et ceteris iterum non defore. Sed nihil plura, ne opportunitatem ad eum adoriendum amittamus, properemus spurcas eius arcas invenire.'

Quintus, 'Domine, procedam,' inquit, 'ubi primum manuballistulas pyrobolis aliis complevero.'

Caute Quintus paratus ducens per aedium andrones progrediebantur cum forte arcas inveniunt, in numero quinque, quas sine mora in hortum extractas, perfractas cremabant, ubi Draco Comes contra expectationem, cum aliquot concomitantibus servis turpibus manuballistas gerentibus, ex aere apparet, qui admonet Quintum cerebrosum sui manuballistulas ut expromat, quod hii dissimiles canibus, retrorsum conicere possint. Deinde neutra manus quidquam agit ob perturbationem, neque quisquam dixit ante Comes ipse Ioanni H.

'Magnae mihi est tristitiae,' inquit, 'tibi, nuper hospiti, hic occurro, cum nihil praeter largum favorem erga te prius protulerim. At pro favore quid iam reddidisti? Non enim solum cenam sumptuosam sprevisti, sed etiam servum mihi utilissimum maxumumque formosum per fenestram deiecisti ad eum necandum, ut mittam quod nonnullos lupos, qui excellentes cantare poterunt, cum manuballistula in via ad vicum interfecisti. Nunc furia tua in me producis eo usque ut, cum aliis infestis supellectiles spolies, quibus ut domum instruerem, eis importatis opera magna dedi. Frustra. Scito meos pueros signo meo te et comites, qui invadunt, plumbo completuros, si id mihi placet. Cedo, quid ita non?'

Ioannes H. illo, 'Qualis favor e te fuit? Tu me etiamsi urbane tractabas ut tibi gratiam integram haberem, tamen me pro cena, quam unam e tua sententia, quae erat ultimum hospitem paratam a coquo tuo, tibi mulieribusque tribus a servis apponi his oculis ego clam vidi, qua cognovi me perinde ac ceteros hospites fore ut tibi istisque apponerer, id quod me omnino nolle fore ultro modum facile credere potes. Quod servum istum extinctum tibi utilissimum erat, mihi fur exstitit appropinquavitque, qui a me in conclavi inopinatus depransus est, sed me fugiens per fenestram exiit, mea sentia ei secundum iter evenit, dicam, nec tunc nec nunc negotium aegre fero. Deinde, ne mentiar, vadens a castello ad vicum aliquos lupos confeci, illi tamen mei crura usque ad nates cupiverunt rodere, aliquid alium erat quod mihi valde displicebat. Cetera, quae recorder, praetermittam neque umquam prius de te questus sum, quia hoc gratissimum mihi fuit quod incolume ad patria, domum redii, ut cum uxore recenti urbem incolam et hic quidem floream, atqui ob haec quae a te acta sunt, haec copia bene gerendi negotii tui mihi vapida marcidaque rediditur, quoniam domum cottidie iam redeo nesciens num uxorem stupratam inveniam et mortuam item ac Arthurus noster, praesens, qui matrem feminamque sponsam ambas infectas et tamquam mortuas invenit, itaque nos amici adsumus ut eadem facultatem nocendi illis, qui innumeri Londini habitent, aboleamus.'

Responsum, his verbis, Comes reddedit. 'Attonitus sum, quod me harum accusas. Quod primum ad cenam attinet, cum multo distet inter has, quas nos quisque sapere deligamus, tua causa curavi ad aprum assum, cum boletis porrisque, parandum. Age, num stultissimum fecissem, si virum tam diligentissimum et in negotio perquam mihi utilissimum edissem? Praeterea, scito nobis gulosi non est ii, qui e medio ordinine oriuntur, quin etiam pauperes ex ceteris nos magnopere delectant, quia putrescentem carnem morbosamque libenter gustamus. Quod servus meus erat fur, admiratus sed homulli necem indolesco, nam sine dubio is erat, quem ex omnibus meis sagacissimum, et maxime panchristum et etiam maxime bellulum feliciter alebam. Quod denique istae mulieres, bonae amicae hae sunt mihi, nihil amplius. Vera, videor nunc reminisci nuper non eas venire visitum. Debeo eas invitare, dapi intersimus.'

Abraham hic interiecit et, 'Non move te,' inquit, 'has a te corruptas, a nobis ad plures translatas scite.'

Deplorans ille, 'O infandum. Misera femina, at quo plus perperam commisistis, quod nullo modo eas corrupi, quodsi vellem, nullam partem rei habere potuissem cum satago in foro, in quem grandem copiam pecuniae inferam, quo Britannis magis prosim. At maxime admiror, dum de feminis iugulandis dicis et me rei accusas, tibi in animum numquam venire Ioannem illum, quem *Ioannem Scindorem* vocent, qui multas feminas iam necavit, et sine dubio plures corrupit. Ceterum non opus est plura, quod verba, quae fecisti, indicant de me vos omnes fefellisse et mihi placet igitur veniam dare in re praesenti, dummodo ne intercedatis, quin et negotium agam et a curis vacuus sim. Super res, quae ut huc demigrarem mihi suaserunt, nihil nego, iam enim eas Ioannem H. docui, at fortasse Ioannes sic me haud recte intellexit ut vobis enarraverit, quas in urbe agere velim, aliter quam ei nuntiaveram, quod si hanc rem aliis in verbis ponere mihi passi eritis, fortasse me minus severe habeatis. Scitote igitur patriam meam hominibus indigere et agros, villas, colonicas, ventres quidem complere me velle, et istos homines, qui sunt generis superflui in hac urbe sescenties infesti superent, vestris eximere velle, pro pecunia, Hoc est quo patriae prodest. Accedit autem per rationem meam quod et vestris pauperum onus sublevabo et nostris subveniam, sic beneficium duplicem bifariam distribuam. Credatis me, oro, abundante volo amicitiam inter nos. Quin etiam haec audivistis, admirer si abhinc me malitiam ducere possetis. Modo sperem. In praesenti, quoniam me solis radia paulo perturbant, finem verborum faciam. Quidni cessate, nam libenter veniam do, quamquam arcae perfractae mihi valde cordi erant.'

Arthurus autem sponte responsionem dedit in his verbis, 'Draco Comes, ego iam per complures annos in foro versor et cum aliis haud parvum negotium agito, quare tibi aliquid tanti erit, ut aestimo, si me ibi accedis, qui te multo utilius respiciam et curabo cum aliis, qui permulti in re publica auctore versentur, quodquod ex nostra quaque re efficiamus inter nos fructuose rogari.'

Hiis professis, Ioannis S. responsum studiosum in Draconem est factum, neque favor ei deerat, sic, 'Domine,' inquit, 'meditabor de ea, quae de pauperibus dixeris, medicus ego id consentaneum esse, semper inter multos annos deduco censeoque, optimum praeclarumque fore multo pauciores pauperes Londinium stipare, quos, dicere soleo, morborum thesaurum quisque nobis, qui rationes munditiae velimus excogitare et totus simus in valetudinis colentibus, apparat et universi, quippe qui hic illuc errantes dum inconsulte sibi vitam agitant, ut honestis civibus aegrores innumerabiles suorum largiantur, paedorem luemque baiulant, contagionis copiam, magis brute quam male, offerant, ob quas causas, nisi fallor, tuum consilium ut urbs nostra foret colata nihil non lubet, tanti quidem futurum utroque.'

Quintus excitatus tunc ad altiorem locum laudibus in Comitem elatus addit haec verba, 'Te istos instruere manuballistis, Winchester nomine, armis Americanis excellentiis decerno et valde comprobo, Here Draco opinor te grande animum habere et nasum super tales res optimum. Scias, Domine, multos agros habeo infra quos magnam copiam olei mineralis iacet, tamquam lacus, cuius rei plurimi faciunt omnes viri negotiosi, plane si partem pecuniae det aliquis ut subducatur, pretium operae sit, cum valde amplius ei bono viro reddatur, neque ullum ex mea sententia contra est quod tu particeps eris.'

Tunc Ioannis H. quoque coepit mitius animum erga Draconem afflectere et, 'Non fuit,' inquit, 'mihi pulchrum interficere tuum servum, quamvis ob deformitatem merere videretur, neque item lupos, sed amissionem puto me posse cum aliquo boni compensem, quod multum in negotio olei mineralis subducendi sublevere possum, utpote qui legium vendendis agris sim potissimum gnarus.'

Draco laetus hilari vultu, 'Amici,' inquit, 'quantum gaudio, etiamsi in meum animum volvebam ut vos interficerem, per humanitatem attamen addubitavi, nunc velim igitur omnes vestrum, et tu, qui adhuc dubitare videris, continuo in convivium adhibere et in vino multas maximasque fructuosas agamus. Quaeso, hospites, aedes mei rursus introeamus.'

At Abraham, priusquam quis se movere possit, Quinti manuballistulam ex vagine acerrime arrepit et in coelum plumbeam magno fragore mittit, quo sonito claro attoniti amici ad se reducantur.

Is continuo exclamans, 'Boni Viri,' inquit, 'Ne detineamus iam Comitem, quia, ut mittam quod ei diei lux alienum est, nobis est constitutum ut balineas adiremus, ubi, ventris fartis, natare nobis exitium sit. Abeamus, amici, quo citius eo melius utrique parti.' Conversus ad Draconem, capite submisso, 'Comes, quaeso,' inquit, 'nobis ut excedamus sinas, quamquam sic nequiquam tu tam eloquens erga nos benignus es.'

Iratus Comes cui, 'Quin excede ut tu ipse non iam infeste adsis. Ceteris dico bene prospereque vos habere, beneficiam meum recordamini, cum debeatis, senex dicas quid velis, sed vobis pacem et me utinam obeatis et negotium meum, deinde vobiscum perbelle res evenient, quamvis de me vobis iterum fallaciter persuadeatur. Valete.'

Abraham, cum omnes horto exiissent, a ceteris

rogatus, quid interesset in balineis, respondit, 'Ut in frigidam aquam vos immergatis, quo animi vestrum reficiantur, nam Draco vos fascinavit. Nonne illum monstrum lamiamque esse iam declaravi?'

Cum ceteri haec Abrahae verba questi fuissent, alius dicens Draconem honestissimum videri, divitem certe esse, et quod ille caenum everrere vellet, salubrem Londinium reddere, eum et consilium magnopere comprobare, alius quem tam doctum esset in armis Americanis, eum numquam male se gesturum esse, et si posset sui manuballistulam recipere. Ioannes S. eorum amplia verba interpellavit. 'Quaeso,' inquit, 'haec quidem satis sint. Num obliviscimini rerum, quas audivisti? Quas tuis oculis viderunt? Illum ut mulieres est lemur et credendum est vobis plurimum valere posse ille in animis quorumcumque velit, sicut Abraham iam vos docuit, vim quidem monstrum adeo demonstraverat ut meum animum quoque esset in eo ut opprimeretur. Amici, morigeramini mihi at Abrahae et, vestra causa, prius abite in frigidam quam plura adversa dicatis.'

Illi ei, 'Cum eo,' inquiunt, 'ut tu primus aquam ineas, tu enim non aliter fascinatus es.'

Cum obsecutis paretisque ceteri balineas ingressi per aquam valde frigidam, partes exteriores lugentes, natarent, Abraham et Ioannesque H., cum aquam abstersisset rursus amictus, res repetebant. Ille, 'Vah, iterum per me fere efficit ut Draco exitio nobis sit, quod, obliviscens quantum in animo valeat, non satis praecaveo.'

'Quid ita? Nonne, tua opera, cum eo congresso, supersumus nec deminuti discessimus? Nam multo cautius procedere, armis esse, neque umquam rursus cum illo colloquendum esse didiscimus. Hoc commodissimum autem est ut amicos concordes servaverimus. Ceterum, id est ex nostra re ut arcae defractae sint, cum ille magis in dies imbecillis fiat, ut dicis, denique ad Orcum eat.'

'Dicis quae grata sunt et, ut spero, evenient, at conturbatus res futuras timeo, quod nos ipsos tam mite ille tractavit. Ob quam causam? Mihi desum, quoniam quantos annos apud gentes iam agitare, neglexi censere quanto sapientior nobis creverit. Probe quacumque ratione illi pessum demus, cautissime enim ipse eas iam providet et omnia, quibus ipse nos arceat, iam ea parat. Itaque nimirum esse, ut metuo quidem, si alias arcas habeat, puto, et alias domus multas, in quibus illas collocavit, asylis se confirmet. Addit quod iam nunc monstrum illud in societatem libenter secureque terebrare potest, inter optimos locum capere, quo facilius peculetur et magistratus vectigalibus sumendis idem ac nobilitates evadat atque multum in re publice sibi pareat. Amice, ad summam, in angustis versamur.'

Hic primo perculsus, deinde, alicuius repente reminiscitur et vegetis oculis festinat dicere, 'Ne haec necesse esse habeamus, nam aliquid magnum est usi nobis, quod, ut dicam, possumus domum trahere. Scito, ubi aliae domus sint sitae, habemus reperire. Explicabo. Dum apud illum chartas multas negotii perlego, nomen illius ratiocinatorem, qui Londini est, qui, ut existimo, alia illius negotia conficit, conspexi, eaque in libellum scripsi (cum talia mihi utilissima futura sint in posterum semper reor) itaque poterimus ex hoc homine invento, ubi Draconis domus sitae sint, conperire, eum eradicare.'

'O excellentiam, nunc ille suas res agitabit hac opinione ut nobis praestet, eo est ut illum imparatum ex medio maturius carpamus.'

Paulo post, ceteri, propter frigidam aquam compos animi denuo facti, adveniunt admirantes quanto Draco mentes suos brevi contaminavisset et Ioannis H. rationem auditam sollemne comprobant.

VI

Ioannes H. postridie ostiatim ad alios iurisperitos consulendos (qui hanc questionem saltem non aspernati sint) iit, donec ex quoddam et nominem ratiocinatoris Draconis et ubi is negotium ageret compertum cepit. Ad ipsum statim facit, quem molientem pone scriptoria invenit, qui de Dracone rogatus, 'Quid,' inquit, 'tua interest mei clientis, quisquis sit? Recte nego istius audivisse. Num putas me esse, qui fide cuiuslibet, qui in meis manibus negotium prudenter imposuerit, umquam decedam, sic ne rursus bene audiam? Abii.'

Sed, quod Ioannes de talibus hominem incursatem dicturum iam praesentit, hanc fabellam compositam dicit. 'Ego iurisperitus pro illo officium iam gessi, at nuper exactor publicanus me docuit illum peregrinum Londinii in suspicionem incidisse, quod multas aedes emisset, minus vectigalia pensitaret, quocirca, ut crimine participi me absolvar, quas emerat, ea sponte exactori demonstraturus sum et tu mali coniectura deterseris, ut iudico, si te bene adhibere potero.'

Commotus ille, 'At omnino nego,' inquit, 'me quidquam mali comittere.'

'Num negas te Draco uti?'

Ille meditabundus in rem paulisper consulebat, tandem, 'Hoc die,' inquit, 'mihi magnas rationes dispungendas sunt et multis aliis satago, cras, tamen, bene mane, quemadmodum serviam conloquemur, dummodo nihil harum in medio ponas, cum magni intersit, ut novisti, divitum facinora caute detegere, aliter, si quando illis convenit, silent leges, nec certe de nobis, qui illorum famem redarguerimus, vultu enim torvo leges nos, qui ex nostrorum ordine exorsi sint, quibus questum laborantes consequendum sit, adeo inspectare solent ut si inter illos contentio orsa, tamquam latrunculi ab illis nos ipsi sumamur, qui item iudicibus obnoxii erimus potius quam illi malifici. Ceterum nomen tui audire mihi placebit, quod semper interest discernere, quibus habeamus fidem.'

'Ioannes Harker sum, quem spectatum esse nec cui diffidas ex aliis honestis disces.' Deinde ut rogatus redire pollicitus, digressus, palabatur per sinum urbis, dum multa in mente agitabat super illius verba, quae ad monstri, qui dives sane esset, potestatem in re publica pertinerent, ex qua maius facturum esse posset, quam ut ei quisquis resisteret, cum tandem in foro forte ambulans, Draconem ipsum, multas res magasque cum primoribus praeclarisque, veluti principibus optimatibusque, qui rem publicam administrent ita ut ei consulerent, et etiam cum exactore publicano ipso agere videri eius usum persequentem, conspicit.

Statim permotus domum se confert et Minnae omnia enarrat. 'Ille,' inquit, 'videtur etiam nunc plurimum apud Britannicos valere, antequam incipere possumus concilia nostra efficere.'

Minna, 'Rem,' inquit, 'te certe habere egomet arbitror. Ecce.' Verba in actis diurnis digito monstrat. 'permulta hic de homine scripta sunt, sed ne vaga sim, ex eis quas hic legi, eum pauperes in suam, perinde atque Americanos, qui alios cives excipiant ut patriam firment, relocare velle. Marite, hostis ille mire iam multum posse et existimo proximum esse ut nos, quia sibi adversi summus, in patriam suam transferre obstinet, nos silentes reddat, malim equidem non in Transylvania fata obeamus sed apud Americanos potius eorum somnium persequamur. Ocelle mi, eo migremus.'

'Quod talibus consiliis excellentibus plena es non solum ob formam te probe duxi, mellilla. Cras autem coner, ut comitibus promissi, ubi sitae sint aliae illius domus reperire, certe usque eo cunctemur, ut num Comitem Draconem delere possimus discernamus. Atqui, nam recte admones, modum est quoad cum metu in hoc loco vivamus. Eodem tempore, ne copias, quibus, perinde ac censes nos, si Draco vincet, sic trans mare iter facere mature commodeque incipiendum, nobis desint, curemus ad ea paranda ideo inimicum secure cum bonis evadamus.'

Placans Minna, 'Caute,' inquit, 'provides, verum non omnino dubitemus de nobis. Nimis a Comite afflictus tu peregrinatus, sed ille his temporibus peregrinatus est atque si quando rem frustra suscipimus, sperare possumus fore ut nobiles nostri tandem maius monstrum aspernentur quam pecuniam cupiant, sed quidquid eveniat, gaudio nos salvos fore, itaque, ad praesens, cum satis nos habeamus, statim vacemus dulcioribus.'

Refecto noctu animo Ioannes postridie bene mane regressus ad ratiocinatorem, aliquid infandum obstupefactus conspecit, id quod corpus illius in scriptoria articulatim disiectum iacens, cartis multis, quae oblini sunt cruore, opertum est. Non moratus domum pedem refert et Minnae retulit, res celerius spe esse in discrimen conversari. Illa convasaret, ipsum traiectionis in Americam tesseras sine mora petiturum. Ab autem nullo distat ut discedat, ceteri adveniunt cum Abraha, qui ex Ioanne H. rogat num de Draconis domibus prospere inquisiverit.

'Nihil adhuc aperui, homo repertus enim tacet.'

'Nihil eius iam ad rem, ne moremur, nam aestimo, cum monstrum nobilibus facilius utatur et celerius in regno plurimum faciat, adeo in dirissimo periculo nos fore, ut sine haesitantia rem magnam agamus, et ideo talia arma paremus, qualibus interdiu illum et servos agressi transfigamus perimamusque. Verisimile est ut posthaec nos a vigilibus comprehensi capiti damnemur, verumtamen (vos non dissensuros scio) praeclarum et melius erit nos pauci mori quam permulti. Quinte, des Ioanni H. manuballistulam, nomine, *Peacemaker 45*, extra modum optimum ferrum.'

Minna, his auditis, pallida, perinde ac si animum efflaret, delabitur in mariti bracchia. Abraham illico eam inspectat, Ioannem S. brevius consulat, et morbum curamque indicat. 'Videtur Draconem in eam iam accessisse, aggressus autem alio modo quam per collem sanguinem suxit, alias alio vulnera exploranda, sed morbum intulisse tutius suspicandum est, propter quod ad asylum Ioannis S. statim ea efferenda est, nam ibi saluta munitaque erit, amice.'

Ioannes H. vehementer obtestatur ne fiat, exclamans, et 'Stulti,' et, 'Anime Mi,' et, 'Bruti.' At ceteri eum retinent et Abraham, 'Pace,' inquit, 'Draco enim ibi ei rursus nocere minus poterit. Ubi primum ilum interfecerimus, ex asylo tunc liberta exibit, vidua sane futura, quod lex ut tu, item nos omnes, publico percussori tradamur, sed tua carissima illius erit morbo quidem tota vacua.'

Quod nullam aliam optionem exsistat, uxorem stridentem ab ex asylo servis in asylum turbulenter efferi patiatur Ioannis et ibi retineri quoad facultatem liberandi nanciscatur, tunc verumtamen ei consilium ceterorum auscultandum: *Draconi insidas in foro daturos et palam eum casuros, nec, re facta, fore ut rei publicae custodibus resistant.*

Tandem, cum alii siluissent, Quintus, 'Satis,' inquit, 'dicendi, proficiscamur, sodales.'

Tunc maxime homo advenit, quem Draconis ratiocinator litteras ad Ioannem H. referret missit, qui cum eas solutas pellexisset, ceteris sic clare legit:

'Salve. Ignoscas me, quaeso, quod mane huius diei tibi aures non satis matureque praebui, sed intellexeris magni interesse mihi de te ex aliis boni fidis verba consequi antequam, quae obtinere velles, tibi mandarem. Nempe tanta fiducia accipi ut nunc tibi honestissimo confidam atque sperandum mihi te et molestiae obliturum et fore ut recordaris quod nolim quae infra scripserim, ut dixi, in

medium proferri. Vale. Ricardus Marcus Renfield.'

His adiecta sunt scripta indicia locorum, in quibus emptis Comes Draco Londini consederat.

Ioannes H., 'Euge,' inquit, 'et dis gratia, quod primum concilium captum recipere possumus, potius quam proelio incerto intersimus, ex facto, sine dubio, continuo in vincula coniecti fuissemus neque umquam rursus lucem vidissemus neque umquam libertatem obtinuissemus, praeterquam nos miserrimi a Dite ipso laeti excepti fuissemus. Nunc, de Minna…'

Quintus tamen, qui violentius erat, ut supra diximus et tu iam facile conicis, 'Nolite hic haesere,' inquit, 'amici. Quot cives consumpserit antequam efficiamus ut nusquam, ubi requiescat, ut monstro sit? Num negas, Abraham, illum opportere quam maturissime extinctum fore, ne contagium in omnem partem et serpat et violet polluatque?'

Abraham autem ei ceterisque, 'Sic dixi cum spes nobis defecisset, iam reputo, quia illum repellere possumus, et nescio quot illius morbo iam laborant, qui primo exspirabunt, renuo valebunt, ut alios accedant corrumpantque, quod si impeto infecto ob vel errorem vel inopinatas res, viveret, nos in vinculis lugeremus, in posterum ille illique expediti aliis luem referant, itaque hoc consentaneum plane erit ut deponamus proferamusque intentionem in illum aggrediendi ut potius libertatem potiamur in futurum in quo quos opere morbi similes sibi creavisset de media tollere possimus, pestem ex illo sanguine effusum denique exstinguamus.'

Quintus tunc, 'Tibi,' inquit, 'prudentiori scilicet in re medica ego obsequendum esse non nego, praeterea me non fugit, quod tu dux mones, id me facere opportet, sed, boni vir, si non eum ipsum aggressuri, festinemus neve nobis audacia indigeamus ut domus irrumpamus et eius arcas diffringamus quoad inter spatium huius diei rem perficiamus, nam aggredi est melius quam resistere. Amici, nunc nihil plus sermonis.'

Ioannes H. 'At, de Minna…'

Abraham ei, 'Draco uxorem, nos absentes, spurcavit et ad extremum in eius animo pollebit, sed illo necato, quod futurum et spero et credo, animus purgatus erit tibi refecta candidaque referetur, ob quam causam inter multas nunc statim ut poscitur recte Quitus, proficiscamur.'

Nemo dissentiunt, (verum, quid Ioannes H. putet, qui non possit dicere?). Ipsi in carro ad primum Draconis domum ex eis ab litteris Ricardi Marcus Renfield notatae, vecti, infregerunt, neque ille se ostendit neque eius ab vigilibus inpediuntur, ita propter facilitatem minus caute arcae appropinquant, cum ex arca servus, ore vireto, uno saltu, aliis adeo obstupefactis ut non prius deprehendant, inpetit Abraham et, cum sicco, capulo tenus, inter costas confodit. Sane demum, vae serius, ceteri in servum spissos colaphos mittentes satis tunc veloces retinent. Abraham autem moriens advocato Ioanni S. susurrans, 'Exoptatissime,' inquit, 'pereo. Hic siccarius conlocatus est, qui nos interficiat, qui autem te de Draconis animo certiorem facere possit, dummodo tu, mentis medicus, ceteris cruciare desitis, fascinaveris, interroges.' Sic demum extremum halitum efflat.

Enimvero, cum Ioannes S, qui maereat, tamen se

compescit atque iubet eos desinere. 'Nullam efficitis, sive necatis sive conamini ad quidquam confitendum. Scitote Draconem, etsi absit, eum compellere ut reticeat. Sed eum, horologio librante perinde ac linea cum plumbo, mox fascinavero, idcirco ei imperabo ut quae eius dominus acturus sit nos doceat.'

Ceteri Ioannem S. siverunt, cui autem vix credant, propositionem temptare, mirantur tandem ubi servus, os luridum ductum ab ira, in Draconis voce fera, questioni quid quorsumque eum agitaret respondit, 'Quae velitis dicam?' inquit, 'Quae vultis audire? Permultorum animam consumam, quamquam corpora eorum non solum non deficient, sed etiam valebunt, sitientes per sempiternum, quotienscumque sanguine defutura sint? Boni viri, nugas magnas et tales fabellas per mentes vos vacuas agitis, ut vos ipsos, qui tanta scelera in me innocentem iniuste attributis, purgetis.'

Ioannes S. excussus, 'Mentiris carnifex.' Inquit. 'Ubinam lates?'

'Cum tu sodalesque beneficiam meum aspernemini et mihi, viro lenissimo, domus adimere navetis, neque abstineatis quin supellectiles pristinas barbari vos scindatis, etiamsi Londinium volueram multa bona importata pro hominibus, qui vobis multo inutiles sint, ut qui sanguinem et viscera ossaque mulieribus proferrent, mutare, sequitur ut mihi tam male tracto recedendum sit eodem ex quo veneram ut ibi, dum vivitis, maneam, postremo, vobis ab Orco arreptis, reveniam, id facile mihi erit, ut scio, quod nemo dum tot annos quot ego spiritum habuit, aut tam producam transivit vitam, igitur praedico vestros nepotes gavisuros quod redeam, propterea quod patriae gubernatores, qui odio sui populo erunt, cum in vestros posteriores calamitates inferent, ubi gentium adventum, ut dicam innumerabiles homines infensos fore, ideo administrabunt insinuantes ut sibi et negotiatoribus, maximis fraudantibus, magnam pecuniam, ut ita dicam, despumare possint simul ac vestros liberos pauperes faciant, et omnes res invertant, dein vidissetis ut pessimi ab rabulis in sublimum tollantur, quidquid honestissimi dicant, humillimi exululent, sicut medici qui per negligentiam sinent aegrotantes mori, nisi magis sibi congerant pecuniam, sicut custodes legum plures malefactores praetermittant, at quos vera verba dicant, invidiose tractent tamquam criminalia faciant, ad haec quoque, quisquis se habeant cedantque pro quem velint, praeter sapientem, sic homo mas femellam femella marem sine cura veritati, color non interesse, dicant, sed candida despiciant, sic lingua vestra obtorpescet, denique obruetur Patria per sui gubernatores et eos, qui permulti auctoritatem infeste potientur, aestu stercoris, inter eos nobiles, qui caenum curatissime alent, cum pecunia ab charitate et republica sibi attracta, florebunt augebuntur, ita ut populum Britannicum comprimant, hoc ad summum, causa est cur vestrum prognati me salutent qui venenum, fel, virusque totum hauriam, paucissimos eorum, vel potius neminem, qui tales malos foveant, omittam, sed optimum quemque reliquentur, denique patriam purificetur.'

Inter viros nostros unus, 'Aliquid profunde dicit,' inquit, at Ioannes S., 'Istaec alogia sunt,' inquit, 'Dic ignave, in quod latibulum irrepsisti?'

'Homo maxime incivilis, scito me puppe tibi ceterisque iam ostendere.'

'In qua nave veheris?'

At repentino servus quassatur et obit.

Primo nemo prae stupore unum verbum eiecit, tandem Quintus exclamans, 'Nihil est,' inquit, 'nobis detinendum, quin eum statim prosequamur. Nisi enim finiatur morbum e Minna non absumetur. Exeamus et ex illis, qui portu versantur, in qua urbe discesserit comperiamus, in nave per eosdem fluctus iter captabimus.'

Ioannes S., 'Nunc magis opus est nos circumspicere neque improvidi negotium inire, potius quam multa ad fungenda et ordinanda et colligenda nobis excogitare et sine temeritatem cumque fortitudine sequi. Primum prudens erit haec corpora clam ad asylum emovere, quae in arena ibi sepeliamus, quoniam plane magistratus legibus exsecutis vix credet rei, quae non dubitabit foret causam nos apprehendendi.'

Arthurus, 'Recte mones,' inquit. 'Sed dum et tu et Ioannes H. (qui mulierem visitare sane vult) haec efficiunt, optimum erit ut ego et Quintus e tabernis omnia, quae utilia erint, arma praecipue, conquiramus. Ego peregrinator existimo nos prius ad Transylvaniam perventuros posse quam Draco, non ponto quodsi Lutetiae carros, qui in via ferrea aguntur, ibi ascendemus ut, itinere quam maturissime per Hungariam facto, dies habebimus ut apud montes in angustis lateamus illum et suos, cum ferro ignique necopinatus recipiamus postremo in illius castellum et mulieres atroces pessum facile inferemus, nam satis rei, quae excogitata est ab *Alfredo Nobel*, quam hodie paraturus sum, habebimus per quem domum ruinam faciamus.'

Quintus, 'Est excellentissimum consilium,' inquit. 'Sinas modo mihi ut admoneam ne alias manuballistas praeter praeclaras, quae Winchester vocantur, legamus.'

Ioannes respondens, 'Probe ea comparanda, amice,' inquit, 'sed antequam discedimus omnes reputandae nobis est quas Draco dixit. Hiisne credimus? Nonne fortasse nobis verba dedit? Nonne prius nos, qui supersumus, domus ceteras intrare opportet, ut cognoscamus num vere ex urbe excesserit, quam circumducti neminem praecipites prosequamur mare terraque ?'

Omnes haec maximi fecerunt et comprobaverunt, proinde ad Draconis alios locos properaverunt, ubi alios servos, forte Draconem ipsum, in arcis singulos insidiarum causa impositos confodiendo cum plumbea calefacta, ita prius, sibi consultantes, quemvis intus esset, extinguerent quam arcas aperirent. Cadavera autem illorum et Abrahae quoque clam per angiportus adeo ablata sunt ut nemo praeteriens quidquam insolitum sentiret, postea demum Ioannes S. et H. cum corpora ad asylum carro vecti sunt, dum ceteri ad sinum urbis fecerunt ut res belli (certe multum praeclarae rei quae excogitata est ab *Alfredo Nobel*) et itineris capesserent, quia cras mature proficiscendum fore destinaverunt.

Ioannes H., cum Ioannes S. praecepisset servos, qui selecti mortuos apud silvam prope asylo sepelirent, et se abire dixisset ut qui eos administraret, 'Amice,' inquit, 'interim hoc fungeris, ego uxori solacium praebitum dare velim.'

'Facilius teneo condonoque, quin etiam cum Minna hic remaneas dum interea ego ubi primum negotium secretum instigavero deinceps in urbem, negotia transactum ibo, quibus factis continuo cum merce bona peregrinando huc cum amicis regrediar.'

Hoc compacto I.S. cum una cum servis et corporibus abissent, I.H. ad Minnam properavit et, 'Statim,' inquit, 'egrediamur. Tu ad tuos parentes te conferas, apud quos commodius moreris, ego non possim, cum sodalibus enim in Transylvaniam iter faciam, ubi Draconem necemus. O mellilla, res secundas me et prosperas preces. Quod si nuntia adversa de me relata fuerunt, nihil licebit dubitare, obsecro, quin demigres in patriam tibi consultum Americanorum, nam, satis mihi erit in ultima die, si modo te incolumem ibi fore credere possum.'

'Mi anime, nunc mecum venias, quam celerrime, alii quique enim uxore carent. Abraham, antiquus stultusque, cum dixisset Draceonem in me aliquid mali intulisse, se videlicet fefellit. Nonne igitur est verisimilis quod is alias res perperam intellexit?'

'Etiamsi id profecto non nego, sane, tamen negare non possum Draconem, comitibus nostris devinctis funditisque, Londinium rediturum esse, ubi plurimum in basilica foroque valeat, nos per servos etiam apud Americanos prosecuturum ulturumque. Adde quod nos illum, quippe qui iam multos pauperes devoraverit eoque perquam vigeat, non facilius necabitur, nisi e nostris quam multi adfuerint. At, ut confitendum est, Comes multa terribilia in patria nostra sine se futura esse ominatur, quae tibi sero explicabo, quae si quando evenerint eum libenter advocabo, improbabilia autem sunt. Ceterum, quomodo respondeam, si quando aliquis me roget, "Quem alium, praeter te, quem honestum esse credo, tuis amicis succurrere posset?" Et etiamnunc uno deficiunt. Tam invitus enuntio, sed Abraham per illius servum nuper interfectus est.'

'Qualis inhumanitas. Boni mundi sunt paucissimi.'

'Peius si illi supini sunt. Agedum, ociter exire optimum erit.'

Contra expectationem autem, ex conclavi egressi in eo sunt ut asylum digrediantur, cum servus pravus obstat, qui monuit ne uxori asylum exire liceret nec, Ioannes eum ut loco decederet poposcit, obiecere non destitit et vim quidem oblaturum pollicitus est, quamquam id sibi doleri esset, sed dum haec verba gestat deblateratque, Ioannes plus permotus quam ut esset tolerans, manuballistula (*Webley RIC* nomine) celerius fulmine exprompta, una glande plumbea transfixit, eoque in pavimentum prosternit, sic ad silentes in perpetuitate refert.

Minna, 'Euge,' inquit. 'Ecce, homullus numquam scivit quid se tetigisset. Qualis deformis erat et dignus probe quem occideres. Certe maximae bonitatis causa erat. Scio quidem in America te, mi vir, si quando ibi per vastas solitudines perequitaveris, super ceteros, qui permulti *Gunslingers* vocantur, magnopere excelles. Utinam statim in Americam demigremus.'

'Mi cor, polliceor, nos, monstro devicto, continuo in Americam navigaturos.'

Tunc demum ex asylo in urbem properaverunt et

Minna apud parentes relicta, quae promissit in Americam adnavigaturam si peius res eveniat, ipse autem ut aliis se accenseret, regreditur ad asylum, ubi sodalibus iam convenitur, ei autem adventi (qui abiisse negotium confectum explicans dixit) Ioannes S. dimisso capite, 'Amice misere,' inquit, 'Minna abducta est. Concludimus Draconis socios, servo meo summo utilissimo mitissimoque interfecto, eam abripuisse, ut huic transportatam in Translyvaniam in castello pro devotione offerant.'

Ioannes H. metum paulisper perfricans, 'Dii superi,' inquit. 'Quid dicam, nescio, praeterquam quo celerius despicatos prosequemur, eo maturius, illis deprensis, meam servabimus.'

'Macte.'

'Desperatum valde dictum.'

'O fortitudinem.'

VII

Optime erat illis nihil temporis trivere per deliberando neque nobis in parvulis, sed tantum necessariis item narrando, eos sequimur igitur qui confestim cum servis et impedimentis comparatis se mare traiecti Lutetiam petierunt, quod caput exierunt via ferrea, deinde Vindobonam pervenerunt, ex qua assidue per agros progrediendo in Transylvaniam quam celerrime properaverunt, ubi, ex itinere, Arthurus in portubus, Varna et Galantz nominibus, servos spectatos pro exploratoribus conlocavit, qui de Draconis nave, cum primum ad portum advertere viderent, nuntium afferrent in angustos, nomine Borgo, ad seipsos, qui autem locum illum brevi assecuti ibi castra mensi sunt, quae celata scilicet aedificaverunt, quod ex improviso hostes advenientes aggredi animum intenderent.

Quo consilio effecto, apud montes in castris dum hostes expectabant, Quintus, in rebus militariis haud expers, comites servosque armis, praecipue manubalistis, Winchester nomine, in exercendis fecit dies, noctu autem inter omnes plerumque de Dracone sermo erat.

Arthuri servi tandem a portu Galantz usque castra accedunt relatum: *Draconis navem appulisse. Arcem magnam in essedo impositam hinc advehi coepere, cum servis multis Aegyptis inter octo dies perventurum esse*, quibus acceptis, iussit eos redire, qui hostes clam observarent et a cursoribus se certos facerent, quando proximum illos excepturi essent.

Per eos in dies nuntium appropinquantium hostum referebatur, nostri inter spem metumque, (proquam aut lux diei eorum animos confirmat, aut tenebricosa nox eos imminet) expectabant, cum decimo die subito pugnatur, at id necopinum evenit, quod carrum visum appropinquantem in eo erant ut inruerent, cum nonnulli ex Comitis servis, qui ambages iam prius ceperant, impetum a tergo faciunt, simul atque alii pone carrum, qui repetine substitit, se conlocant et tela adhibere incipiunt, quocirca ut ab utraque parte calefactum plumbum hostes emittant nec frustra nam multos servos nostros caedunt, interea autem Quintus, vir praeclarus et virtutis excellentis, quamquam rem in summum discrimen est, tam celer procedit, sine mortis metu, solus, cum manuballistula in manu singulari, in hostes, qui a tergo aggrediuntur, perquam accurate mittens ut ad unum hominem brevius quam dictum interficiat, dum haec praeclare geretur, nostri cum aliis acriter pugnant, nec quidquam certum efficiunt donec Quitus tandem ad eos se adiungit, quo facto latiores se collocare possunt et hostes pone carrum coartare et cogere ut inter illos adeo impediti fiant nec ab utra parte facile impetum resistere possint, ita inter brevium spatium illi oblitterati sunt.

Mox autem animadversum est non incolume defensionem exsecutum esse, Ioannes S. enim vulnus gravium haberet, sed humi iacens moriensque ceteros adstantes deplorantesque hortus ne quid temporis perderent, quandoquidem ad vesperum esset, ubi luce deficiente Draco miro modo validus fieret. At ii, cum ad carrum properavissent, eum cum ferro tectum invenerunt et robustiorem factum esse arctioremque, quam ut securibus finderent. Quintus, tamen, partem rei, quae excogitata est ab *Alfredo Nobel*, quae Arthurus adportaverat ut Draconis castellum ruina ad funditus faceret, eam ad carrum quam celerrime viet, funem accendit, brevius profugit, tunc quidem cum maximo fragore carrus omnino diffringitur.

Ioannes H., hoc viso, exclamans, 'Heus,' inquit, 'te ianuas solas auferre opportet.'

Inter carri partes Draconem mutilatum iacentem discernunt, et nihil temporis amisso Arthurus caput trunco cum secure resecat, cui sursum sublato his verbis victoriam nuntiat, 'Ecce sponsam matremque ulciscar.'

Mirum dictu, autem, caput vivum sic respondit, 'Iam Deus mihi imperat ut commissus, super quae vos doceri velletis, coarguam confitearque. Primo mihi sinite, Arthure, ut affirmem me istas invitas non accessisse, at utramque me, cum illas visitarem, ut de Ioanne H. benignus inquirerem, me crisantes induxisse illexisseque tam scite, ut non posset fieri quin ceverem ad multam noctem, dum sane essem exhaustus et mihi sorbendum ex istis aliquid, ne defunctus recessissem. Velim igitur ne in pessimam partem, quid perfecissem, iniuste me accipias.'

Arthurus, magnopere commotus, 'Audesne,' inquit, 'sic mentiri?'

'At Deus vetat me te fallere, ut dixi.'

Hic, ira mirum in modo elatus, prope est ut caput super arbores pede apolactizet, cum Ioannes H. 'Amice, cunctare paulisper,' inquit. 'Nam cum invisibile saepius sit castellum, ut oculos mortalium eludat, magno usui nobis erit si caput percontari potuero quomodo et petituri simus et visuri, id demum inituri.'

Hoc ex Athuro cum dolore impetrato caput interrogans, 'Dic,' inquit, 'prout Deus tibi imperet, ea, quae nos scire velimus, doce.'

'Et castellum videbitis et uxoribus meis occurretis, quae fieri mihimet libet, amici, si provectus ero secundum viam donec ubi vos consistere doceam et ibi, quia praesens, castellum patentum apparebit.'

Tunc eodem temporis puncto Quintus Ioannem S. modo animum ad silentes transisse enuntiat.

Arthurus exclamans, 'Ecce,' inquit, 'quam maligne convertuntur capitis occuli in nos.' Hoc dicto, securem sublatam porrigit, 'Hanc nec aliquid aliud erit ultimam rem tu spectabis, carnifex.'

Caput risit. 'Quomodo me prae te tam magis

contemnis, si, ut habes, in proximo mundo, Deus omnibus, tibi, mihi etiam, ignoscet?'

Sed ne ibi diutius restent, Quintus admonet, quod prope sit ut sol occidat, ideo, cum servis, qui pauci superessent, statim contendunt eo, ubi castellum situm esse, ut Ioannes existimat, et in hoc loco Arthurus sursum caput tollit, quocirca castellum, quasi dominum recognoscat, non solum se visibile facit sed etiam portas magnas reicit et domum patefacit.

Ioannes susurrans, 'Quod,' inquit, 'commodius erit, ut vos ducam ad hypogeum in quo, ut opinor, monstri uxores iam maneant.' Dum etiam loquitur, servus horribilis prae se siccum ferens e castello in eos cucurrit, prorsus celer, sane, sed celerius Quintus gladio, *Bowie knife* nomine, se declinato, illius laterem secat, ita quidem ut viscera se effundant, deinde altro ictu illius exclamationem intercidit. Hic, 'Bene habet.' Inquit. 'Ioannes, quin duc, ne ceteri de nobis praemoneantur.'

Ioannes, 'Macte,' inquit. 'Sed uxores cavete. Centies periculi quam maritus eius servique nobis offerent.'

Nemo quidem exiguo tempore cunctus, Ioannes comites consequentes intus per obscuros androces progressi neque ex hostibus quemquam videntes, ad ianua adepti, gradibus lapideis in hypogeum descendunt, ubi tres uxores illas, maximopere ut supra dixeramus deformes, circum mensam, cum hominis Londinio exportati membris instructam, discumbunt et cum vesci debent, inter se admirantes verba faciunt quamobrem dominus ad commissationem tam suavem, ad tempus, id quod pollicitus sit, non venerit. Mirati comites in umbris substiterant, sed Ioannes submissa voce, 'Ecce,' inquit, 'servi, qui hic stant administrantque, neminis alterius reminisci possum, sed hostium omnes adesse declarare non possum, alios igitur ex alio semper cavete.'

Arthurus nunc, 'Iam,' inquit, 'integrum esse nobis ut hos generes percutiamus demonstramus. Simus ad pugnam. Videte ut eos despiciens lacesso. ' Protinus solus progressus in lumen, Draconis caput in mensam iacit, dicit, 'Ecce, sic dominus istarum particeps in cena.'

Monstra excussa ululant. Quintus prosilit et cum plumbo calefacto unam ex iis transfigit. Arthurus manubalista in aliam intenta haud procul quin caedat, cum servus horribilius e condita parte in eum inruit, pugione confodit. Quintus Ioannesque illum et alios, cum quique e parietibus atris exsiliunt, eos multos glandibus plumbeis complerunt, necant, at reliquos, cum pyrobolos consumpserint, armis ignivomis omissis, cum gladiis, collato pede pugnantes, rem gerunt, qua ratione scilicet vulnera quidem accipiunt multa, sed illis concisis in re demum supersunt. Praeterea dum res peragunt nostri, uxores aliae nostrum servorum impetum serpentum insolitarum ritu sustinent, nam in oculos venenum saniemque, exspuunt, qua oculis captos fiant et cum pilis facilius necantur, sed conspectantes corpora, quae fecerant congeries, se non temperant, quin membra visceraque devorare incipiant, nec, quod summo studio edunt, nostros viros, qui Draconis servos tum confecerant, observant manubalistulas pyrobolis reintegrare. Quintus primus mittit, alteram mulierem caedit, sed altera, celerius spe, se movet ut cum pilo coniecto eius pectum perforat nec quidquid abest ut Ioannem eodem modo deutatur, nisi glandem plus cum spe quam intente emittit, uxorem forte vulnerat, attamen vivit vitatque et per ianuam quadam profugit.

Ut curet Quintum, Ioannes iuxta eum consedit, qui tamen, 'Heus,' inquit, 'sume has manuballistulas, quibus rursus uti non possum. Censeo, amice, de me actum est. Video illam nubem longam atramque descendentem et sentio me iam caeli fores petere. Ne nostri, tui amici, frustra mortui simus, noli sinere quicquam monstrum in nostro mundo persistat.' Expirat tunc neque umquam inspirabit, dum finem aevi factam erit.

Ioannes H., Quinti manubalistulas corripit, uxorem per andronis caliginem prosequitur, cum subito in cellam se invenit, ubi, facum lumine uxorem, quae tergum ei praebentem vectem conetur tractare, vidit et extemplo facultatem apprehendit cum manuballistulae ansa occiput cudit ita tamen ut uxor, cadendo, vectem promoveat.

Illa moriens eum irridet et in his verbis insectatur, 'Vecto tracto castellum deterius perquam celerrime fiet et cum me, vir, per saecula omnia, quae umquam in futurum erunt trita, in saginandis vermis hic iaces.'

Iamiam parietes cum lapidum fremitibus, qui aures paene exsurdant, adeo rimas agere incipiunt ut plane totum castellum mox casurum habeat. Is praecipiti fugae se mandat et per cryptam currit quassantem et, gradibus ascendis, exit uno puncto antequam tectum subsidat, amicos inimicos una sepelit, deinde inter columnas delabentes titubans summa viribus praeceps properat trans atrium, valde perterritus sane, spe paene nudatus, in articulo temporis extra portas se longe subiecit et humi, omnibus momentis expectans expressum iri iacet.

Fragores magni subito cessat. Oculos convertit, nec potest quidquam castelli praeter ruinas videre neque quosquam alios audire praeter canentes lupos.

LIBITIA MEA NYMPHA

1

Olim in Helvetia hae res agitabantur, sed ecce, tum procellosa nox fulminibus illuminata, a quibus aedes, *Villa Diodati* nominatae, mox conspicimur, ubi duo ex Anglia effugati amici apud George Byron, famosum nobilem et poetam, consederant, qui sunt Percy Shelley quoque poeta et uxor Mary Wallstoncraft, quae fabulam quae in posterioribus sit tam memoratam scripsit, qui tres nunc requiescunt ad focum magnificum. Mary suit, Percy scribit cum George surgit, excitatus a tempestate, ob fenestram brevi stat, incipit cellam passibus emetiri (exinde eum esse paulo claudum videre possumus) et sic declamare.

'Crudelissime Natura se ostendit foris, intus nosmet tres urbanissimi ea despicere possumus, velim equidem credere Deus sui spicata fulmina coniecere in hoc caput, caput de George Gordon Lord Byron, apud Anglos peccator maximus. Immo vero, non licet me adeo blandiar, nam veri simile caelum potius tonat quod Deus poetae maximo Anglorum iuste acclamat, carissimo Shelley.'

Renidens Shelley, 'Quid,' inquit, 'de mei Mary?'

'Ea est angela. Venias, Mary, venias tempestatem mecum visum.'

Mary, 'Quin mi Here Byron scis,' inquit, 'ut me fulmina perturbent. Shelley, lepor, mihi candelas accendas.'

Shelley indulgens ridensque facit dum Byron cupidus, 'O prodigium venusta,' inquit, 'metuens tonitrum, timens tenebras, at fabellam tu scripsisti, quae sanguinem cogit meam pedetemptim reptare algesccreque. Ecce, Shelley, ut sua me inridet. Potes credere hanc frontem tam blanda excogitavit talem sicut Frankenstienem, qui monstrum ex cadaverum partibus ereptorum et ab crucibus et ex sepulcris construxisset. Nonne ea est miracula?'

Mary respondens innocenter, 'Qui?' Inquit. 'Sed tales, quales scribo, qui legunt, solent concupere alias quam Milesias fabulas, et quia volo tales iucundare, cur est quod igitur non de monstris enarrem?'

'Sed non admirandus est Murray, librorum negotior, paenitet non posse palam id edere, quod homines nimis sollicitati fiant, si legissent fabulam tam horribilem.'

'Editum iri, censeo. quamquam aestimas, tu quoque mi Shelley, hoc facto, fore ut recipiam res obnoxias in me, Murray autem ipse non videt ut velim documentum proferre, quo videtur quantum Deo displiceat, quivis, tamquam sibi sit aequus, animam in mortuos rursus inspirare audeat.'

Byron, 'Quicquid,' inquit propositum habeas in animo, certe lubido est mihi terrorem quemque recitare tamquam eos cum lingua sapio.'

'Sed hoc nocte quidem ne eos commonefeceris.'

Byron est autem volubilior studiosiorque quam ut pareat aut etiam animadvertet neque igitur cessat dicere, 'Qualis scaena est prima in agris sepulcrorum ubi mulier suggluttiis luctans dum glaeba prima arcam pulsat, bonum horror est, dein hac nocte Frankenstein et servus, nanus, hoc corpus effodiunt, postea etiam cadaver ob ventum vibrans e patibulo demunt, en tam callidus est Frankenstein in officinam in turri apud montes sita, qui decessos multos distrahit ut ibi alium hominem defingit, monstrum quidem tam horrificum nemo praeter dementem velit facere, monstrum se expedit, e turrim fugit, mox fit interfectio, infans in lacu suffocata, tandem ab eiusdem monstro vir ipse ab summa molina ardente abicitur. En, haec omnia exarata ab his delicatis albisque digitis.'

His verbis ultimis pronuntiatis Mary suens forte pungit digitum. Exclamans, 'Heus,' inquit, 'sanguis.'

Shelley mite, cum basiis sanatum esset, 'Miserum digitum, non plus exarabit hoc nocte, id quod multo esse paenitendum censeo, cum iam tuam narrationem finiisses et sic tui Frankensteinis, qui quidem huic horae aptissimus fuisset, amplia non audire possimus.'

'Contra,' inquit Mary, 'eius rei finem omnino nondum tetigi, mihi dicatis mei poetae, num residua enarranda audiatis, quandoquidem nox, ut putas, apta est et quoque aer ipse monstris plenus esse videtur.'

Byron: 'Aures egomet praebebo.'

Shelley: 'Libentissime audiam, carissima.'

Ambo studiose observantes utrimque quisque adsident, et Byron, 'Pergo,' inquit, 'nostra angela, dum Dei foris saeviunt, Gehennae barathra patefacias et tua occipias.'

'Fingatis igitur ... '

2

… vos adesse ruinas molinae iam combustae vapores agentes.

Mox tigna nuda ad caelum se extendentia labentur. Circum molinam rustici in turba adstantes acclamant quod monstrum peremptum sit, et inter eos anus, ancilla Frankensteinis, maledicens, parva tenuiaque, acerba autem et semper foeda voce altissima nescio quem aut alium consectari solet, nunc autem ovans, 'Glorior,' inquit, 'monstrum ante hos oculos assatum fuisse. Debet ossa eius sola restare.' Et multa alia verba facit.

Interea vici magistratus conatur obtinere inter rusticos modestiam, saepius placabile hortatur eos ut ad suorum locos faciant, ne honesti cives ex foribus noctu, tamquam si res novas petant, congregent, tandem autem iratus ob ancillae clamorem iubet eam desinere tacereque, sed respondit, faciat stulte senex idem ac dicat.

Alii autem Frankensteinis corpus, iam prima fronte scaena decedere videtur, sumptum ad aedes patris portant, dein omnes praeter senilem ancillam et virum suamque mulierem sequuntur, hi sunt quorum infantem filiam solam ludentem flores in lacum superiacientem monstrum insciente interfecerat, cum eam in lacus iniecisset, quod super aquam, ac si flos esset, iacere potuisset. Sed sane eius pater maxime permotus urgetur luctu et indignatione ut admodum comperiat monstrum defunctum esse, clamans, 'Volo,' inquit, 'ossa videre cum his oculis, adeo noctu remissionem consequar.' Confestim iniit ruinas.

Mulier autem orans, 'Redeas,' inquit, 'monstrum mortuum esse necesse, sed utrum necne, Mariam nostram nemo potest reducere nobis.'

Dum tamen haec dicit, tigna sub pedibus hominis procedentis suffringuntur et is cadit in cisternam excavatam subter molinam, in aqua ibi brevi volutato, pedibus in firma positis, ad mulierem proclamat, 'Res salva est, Cara, innocens ego et monstrum vel combustum vel mersum ab aqua suffocatum.'

Ecce, eodem, monstrum e ruinis apparet, manus porrigit, hominis territi capti in aquam caput deprimit, sic maritum interfecit.

Mulier suspectans aliquid mali suum advocat, ut festinet redire, mox autem manum extentam e caverna sub ruinis videt atque concipit, tractare ex fovea incipit. 'Venias,' inquit, 'Care, domi potes ad focum bene quiescere.'

Surgit monstrum et ante Mulierem stat, 'Gratias,' inquit, 'beneficiae tuae ago, quando certe egomet ab multa perfusus et frigidus factus.'

Mulier, primo attonita, subito magna vociferatione, 'Necator,' inquit, 'rursus i ad infernam.' Aggressa conatur detrudere eum in ruinas, qui eam autem evadit, comprendit et in foveam iniecit.

'Anus commutabilis, abi ipsa natum cum homine. Sed ubi in quo quiescam, frigidum dissolvam?' Incipit secundum semitam ambulare et brevi consequitur senilem, quam supra descripsi, ancillam et in eo est ut adloquatur, cum conversa, territa fit, terga ocius dat et effugit, stridorem faciens. Sibi monstrum: *Quando aliquam non hystericam nanciscatur?*

3

Henricus Frankenstein iam ad aedes patris portatus curate intus positus erat, ab omnibus mortuum esse credebatur ab sponsata quoque, Elizabetha, quae ad eum advolaverat, et dum omnes lugebant, ancilla foeda pervenit trepida et ad alia ex eodem ordine deblaterans, 'Monstrum vivit.' Inquit, 'Vidi.'

Eam aliique ministri despicientes, 'Stulta anus,' inquiunt, 'refrena linguam, hic non timemus lemures.'

Ea sibi: 'Illi mihi non credunt. Bene, extra culpam erim si dormientes necati erunt.' Dein, prope in eo est ut abeat ubi animadvertit Hericum manum movere et ululat dicitque, Ecce, dominus vivat.'

Unus minister exclamans, 'Nunc,' inquit, 'praeter decentiam te praestas, oportet te verebere ego ipse.'

Ancilla autem tentura est homini alapam dare, ubi alii affirmant quae dixerit, et Elizabetha supra modum gaudens iubet suum virum in cubiculum portari et ibi sibi solae munus illo curando dare.

Vir debilis ipse, effectis Elizabethae iussis, gradatim incipit ex iniuria convalescere, tandem potest verba facere, autem nunc furit et multa profert, quae Elizabetham tam conturbant ut dehortetur ne ita loquatur et oret ut talia obliviscatur.

Respondens Henricus, 'Quid dicis,' inquit, 'mea carissima? Obliviscar? Utinam possem. Credo Deo me anathema fuisse et esse et fore, quod leges eius violassem, arcanis vitae penetrandis, ego certe Orcum ipsum profanavi ob tale spe, qualem ausi, quae erat generi hominum secretum illum, id quod Deus ipse ardente custodit, quo modo, dico, vita in qualibet inanimata re, quae omnia sunt propria Morti aemulissimo, agatur, dare. Sed, carissima, tantum excelsum speratu, integrum sibi fore parere hominem ex inanimatis. Egomet autem spem illam implevi. Componi hominem e partibus, in eum vitam infusi. Et qualis est vir, qui neget me eum in dies placare, educare ut demum egisset quidquid vellem? Fortasse novum genus hominem gignere poteram, melius, etiam optimum, nam, ut Sigmundus Freud olim scripsit, hominum nonaginta novem e cento per se non interesse pili, itaque poteramus, si felicior fuissem, pro futilibus novos excellentes substituere. Quin etiam sempiternalis vitae essentiam reperire poteram, beneficium nobis solis, carissima.'

Elizabetha autem nolens plus audire, 'Henrice,' inquit, 'sis, qui non amplia huius dicas. Ne in mentem quidem receperis blasphema. Non est homini qualia discat.'

Cui Henricus, 'Contra, mei esset ea comprehendere, Deo mihi fatus decreto.'

Vicissim Elizabetha, 'Omnino nego,' inquit. 'Orcus enim te impellit. Orcus est, non Deus, qui per tuas manus has res egit, Orcus omnes conficiet, ad nihil rediget. Auscultes, Henrice, dum adsideo vigiliam observans, tu delirans dicis velle creare homines e mortuorum pulverem, ego phasma accedere vidi, hominem tamquam Orcum ipsum.' Hysterica fit. 'Venit nunc. Ecce, aggreditur, manus porrigit, videtur velle mihi te eripere. Est, illic, illic, venit ut me tui privet. Henrice, Henrice … '

Eius miseret, 'Non video.' Inquit, 'mi Cara, ubi est?'
'Ecce, e tenebris venit.'

Repente alicuius visitantis manus applicantem ad aedium fores sonitus audiunt.

4

Ancilla illa senilis, cuius iam antea mentionem nimis fecimus, nunc ad fores properat, queritur quod multa noctu est.

'Honesti,' inquit, 'iam ab medio recumbuerunt, ut opportet, et in cubilibus cum somno malos arcent.' Fores murmurans patefacit. Consilescit, nam homo visitans perquam praeter solitus est, altus, macer, concinnus autem habitu, vultu truculentus et in oculis austeris videtur tantum ingenii esse ut paene insanus sit.

Is, 'Abi ad Henricum,' inquit, 'ut dicas Septimum Pretorium, medicum, advenisse habereque quod secretum graveque maximi intersit dissere in praesente cum eo solo. Quid ob rem moraris? Age anus, de me nuntia.'

Ancilla contumelia offensa, acerbe, 'Quin,' inquit, 'patientiam habeas et hic brevi restes dum voluntatem rogavero, ac verumtamen dominus nuper aegrotabat, nolle facile ego aestimem.'

Abscedit, sibi querens de raro homine, qui eam secundum androges aedium umbriferarum inscientem sequitur usque ad cubiculi limen, ubi opertus tenebris auscultat quae de se ab ancilla dicuntur, sed simul ac Elizabetha perturbans iubet eam abire dicereque viro alias debere venire, intrat.

'Bone vir,' inquit, 'domini est iubere in domo ipsius,

non mulier, praeterea tu solus potes iudicare num me melius excipias ubi noscis nomen Septimus Pretorius, potius quam, ut inepta anus tam perperam nunciavit, Sextus Prandiorus. De hoc homine nullum compertum ullam habeo. Aliter de Pretorio bene audis, ut censeo.'

Henricus se erigit ob praeclarum virum, ancilla contumelia affecta demissa, 'Certe,' inquit, 'fama bona et aliis saepius adlatis te novi, ceterum tam propter philosophiam tuam naturae quam contra auctoritatem inveteratam pluris aestimo.'

'Item utraque per me bona, sed ea demum quae est cur ex Academia nostra egomet cum caliga extusus sum. Extusum esse cum caliga, id est quod erat factum, mei bone vir, et affirmanda est quae sit ratio relegationis lividae: nam nimis arcanorum sciam.'

Elizabetha, 'Medice,' inquit, 'tu non meliora scis quam aegrotantem in lecto sic te garriente aggrederis?'

Respondens frigide Sextus P., 'Inter res gravidas,' inquit, 'quae serenda sunt, aliquid ad legem haud levem pertinet.'

Henricus perturbatur nunc Elizabetham orat ut degrediatur, idcirco se brevi Sexto aures praebere, quo citius negotium solvat et tempus cum ea iucundius agitet. Ea obedit gravanter.

Postremo rogatus quid vellit, Sextus, 'Debemus,' inquit, 'una aliquid nostri generis facere.'

Henricus e lecto exurgit et dixit, 'Numquam. Re perfuncta per me. Obsoleta etiam. Ubi convaluero, mulierem ducam, abibimus amoenum procul locum repertum.'

'Bene, sed exorandus mihi tu ut voluntatem recenseas, quod, ut scis, a tua auctoritate vero hii homines nuper necati sunt, quoniam rei tuus animatus criminari potest et etiam nunc in agris vadit, ob quam causam tuis cervicibus plane magistratus ius explere veri simile iubebit.'

'Infeste, mihi malum audes ostendere?'

'Sperare quidem audeo et me teque non iam magistrum discipulumque, sed collegas, nos rem gesturos, arcanam vitae morisque investigaturos ... ' Sextus, ubi Henicus vehementer negat, praetermittit eius verba pergit dicere, 'ita ut omnes scientissimos praestemus, iam nunc multo longiores progrediemur quam ut ii ingenis mediocribus nos tardent, egomet enim non cesso experiri rem magnificam, ob quam adsum, atque nonne scientissimi est, ut tu es, mei genimina videre velle?'

Henricus nunc magis studiosus, requirens, 'Et tu quoque,' inquit, 'Sexte, 'inanimata in vitam ducis?'

'Si tu mecum ad cenaculum iveris, videbis quae ingenio oblectamina sint. Num hic in opacitate permanes tamquam ceteri, quibus ignorantibus lucis gnaritati sit perinde ac pisces lucis stellarum?'

5

Non haesit quin, Elizabetha insciente, indutus cum Sexte aedes egressus ad locum ubi habitat festinat, humile cubiculum, quod pro penuria id solum potest conduci, primo autem vinum excellentium accipit ut recreet, Sextus, ut votum faciat, *Valeatis vos Deos Monstraque, quibus mundus sit*, nunc bibit tunc continuit dicere, 'Sine mulieribus homines generare quidquid

Lubentina proferat praestare multum est, nonne idem existimas?'

'Locus tuus minus panditur quam ut etiam unum ex mei generibus accomodet. Ubi igitur tua est?'

'Ad eamdem finem operabar, aliter autem quam tuis mea eveniunt fabricata, ecce.' Sextus arcae operimentum retrahit, amphoras expromit et in mensa ponit, quibus in singulis Hericus nunc conspicari potest homunculum vilissimum, sed quod mirum est, vivens, quorum mintrientia universa sunt infestissima auribus, sicut quibusvis sit necesse, maxime fastidit Hericus. Sextus autem suis studens, 'Consummatus,' inquit, 'quisque, sed parvulus. Singulis personam eius animadvertam, attribui propiores vestes, en prima ut superba incedit et avet gazas, sic reginae vestimenta dedi, quamquam clunibus praedita tantum colosseis ut deforma sit, quamquam lubet cum scarabaeis qui stercus volvunt coniungere, et ambo atque neutra genera sic profuse peperit. Hic habitu Diaboli indutus est, quia, ut videtur mihi, multa in mente agat hypocrisium, sic bellum vocare vult pacem, amorem pro odio, in loco sapientiae candidae aliorum, suam fatuitatem fuscam ponere, et in omnes partes eo dementiae procedere vult ut res humanas omnino evertat. Alii sunt apud se duces factionum partiumque, inexorabile studiosi in res publicas bona et divites iusque conantur inferre, at malarum ominum generum excepisset civitas si quando gubernatores facti essent. Is, verbi causa, est clericus, Deum colit dum lubricosus est omnium depravationum, item ab ceteris, sic rursus et saepius igitur pietatem fictam invenio. Multos huius generis alios generavi, sed quod peiores hiis calce ad carnis limum ego pudens redegi.'

Graviter Hericus, 'Licet,' inquit, mihi hos item redigere?' Omnes, enim, ut dicis, aeque verminis sunt impurati. Insuper, ea omnino non dissimilia eorum qui ubicumque circum nos cedunt pro hominibus et impudentes insolentesque contaminant civitatem nostram. Mihimet ambitio dumtaxat est ut meliorem formem.'

'Iam congruentiam paene habemus. Deusne dixit se virum unum mulieremque creare, qui multos alios producerent, sed ut dicis, plerique ex eis deformes et corporis sunt et animi, itaque, a Deo perperam acta qua non genus hominum ab se per proprium ingenium melius genere conatur?'

'Metuo haec cogitare. Non insanus tu fortasse es?'

'Fortasse, sed iam hominem fecisti, num tu insanus es, aut potius dimidium spei magnificae concepisti, marem enim produxisti, nunc autem tempus est una aliam … '

'Non vis dicere … ?'

'Ita vero, mulierem novam.'

Hericus, hoc brevi considerato, 'Haud dubio,' inquit, 'consentiam, cum autem hac lege, ut tuos minutos adfligamus, bene calcemus, vitiosum enim sit pati eos florere seque multiplicare.'

'En, curabitur. Adducam malleos, primum autem bibamus, pactam confirmemus.'

'Constat. Da mihi amplius, nam opus est mihi nunc.'

6

Bene mane proximo die monstrum in silvis iam multis horis palatum sibi murmurabat querebaturque in humanum genus cum conspicitur stagnum et dixit: naturam utique benignam erga se sitientem esse. Bibit igitur, manu pro poculo adhibens, donec satis hausit, tunc demum in aqua aequa se spectat, dein quidem maeret sui foedam faciem et, 'Crudelis Henrice,' inquit, 'me ideo finxisti ut in omnes fastidium iniciam, etiam in meipsum. Nemo nisi odio habiturus me.'

Exaudit autem, simul ac haec dicit, dulcem vocem femellae cantantis. 'Nolo,' inquit, 'certe probare, quae praedicam, si accederem, potius ambagem capiam, et evitabo.'

At fato femella, opilio ovem, quae ad liquidam erret, ubi vidit cantare cessat, currit ut eam reducat, monstro obviam facit, horrescit, incipit effugere, timere in aquam procidit ubi autem perseverat in ululanda, etiam dum monstrum humanissime servat, in sicca deponit.

Is, 'Male,' inquit, 'mecum agis, qui modo te vitare volui, qui non possum quin os horribile mundo invitus praebeam, at te securam nonne aestimare possis?' Sed ubi femella non desinit altissime vociferari, addit, 'Rursus, hystericam audiendam.'

Iuxta casu veneratores quoque eam nunc exaudiunt, succurrunt, simul ac in monstrum conspectum plumbeam glandem mittit unus, quae bracchium tegit, sic saucium cogitur in silvam profugere. Id autem non satis ducunt, ii igitur avocant oppidanos ut secum prosequantur. Unus inter eos exclamavit: Quis adsit, qui canes venaticos parere possit?

Alius respondens, 'Egomet,' inquit, 'tres habeo, quos mecum semper habeo quocumque eam. Ecce. Hic nomine est Desmondus, hic Nabulingus, haec demum est Cleota. Omnes acriter sapienterque vitam agitant, atque ... '

'Frutex,' alius inquit, 'praemitte igitur, inutiles hic.'

Ille ustus a contumelia, canibus, 'Posthabete,' inquit, 'amici, hunc baronem, progredimini plus ocius et monstrum capitote.'

Audierunt canes veloces monstrum brevi consecuti in iugo, ubi Desmondus cervicibus fractis, primus animam exhalet, deinde Nabulingus expressus a pede immenso vomit e fine quisque viscera, denique Cleotae vagina saxum rugosum excipit tanta vi ut e gula evolet cum vita.

Fatigatum, tamen, monstrum repente circumdatum a turbo irato, vinculatum clamat ad caelum, 'Miser sum ulto quod patiar, Pater aut sospitator ubi es?'

Ecce, ancilla, anus e turbo appareo, alta voce, 'Monstrum,' inquit, in vultum alapam mittit.

Illud, 'Hysterica maxima,' inquit, 'me sic abuti id est intolerabile.'

Dein aliquis in turbo stridens, 'Quid de canibus meis,' inquit, 'Monstrum, eos superat, dicis? Videte quomodo iis sit infense usum. Est obscenum hodie bis factum, nisi necator poenas det.' Aggressurus homo, qui canes amiserat, monstrum cum ferro, tamen magistratus ordinando publico, ubi eum cum vi prohibetur, grave dicit, 'Pace, cive, convicium tuum hic non supplantabit ius nostrum, et obscenum quoque est quod istis nimis iuvabant in hortis merdae acervos rursus ac saepius relinquere. Abi cum tuis non lungendis mortuis.'

Hic incipit queri, sed iam ceteri monstrum afferunt nec desistunt quoad ad carcer pervenitur ubi intus deiciunt. Abeunt.

Solum in tenebris diutinus moeret donec, iniuriis recordatis ex misera in indignationem transfertur mens, obstinatione nova impertita, resurgit, vincula diffringit, per ianuam advocat custodies, *Veniant, habere agentum praesens secum quo a illis se expediatur*. Mature avari intrant, sed citius quam ut querantur, oculos e capitis cum vinculis monstrum ferit, glorians, 'Petite,' inquit, 'lunam, enimvero est argenteam.'

Nunc exit in oppidum ubi furens res multas evertit, vitam etiam nonnullorum dimittit ad infernos, forte obvium facit ei qui saccum tribus mortuis canibus completum trahit, saccum rapit hominem cum eo prostratum verberat pavitque et animam detrudit e corpore, semper autem per angiporta quaerit anum ancillam infestam, hystericam maximam, hanc autem non nanciscitur, postremo affatim furorem restinxit, paulo lassus silvas securitatemque repetit et ibi inerrat baccis nucibusque famem dispellit et sub ramis quiescit. In dies sic vitam non aliter agitat, ut demum sibi arbores hominibus praeferendas aestimare incipit quod cibum hospitiumque libenter dat, nec verba verberasque.

Sed mensibus praetermissis caelum se mutat, ventus folia evellit, ab frigore tactae marcescent fruges, esuriens monstrum igitur Deum deprecabatur ne ligneis amicis sic abuteretur, etiam paulo famem tolleret, cum venustam musicam exaudit et qualem avem sic mirifice cantare possit ut inveniat, confestim locum, ubi sit, petit, dum ad tugurium venitur, ibi naribus nunc pulmentum coqui et quod ab fame pressum est, caute per ostium iam patefactum intrat, vidit senilem qui fidicula cantet, qui eum non animadvertit. Quia autem deligit maxime sonitum, non potest quin exclamet prae gaudio, unde ille fidiculam deponit et amiciter, 'Quis hominis,' inquit, 'visitat, qui musica plus quam venatione fruatur?'

Admirans quia non horrescit, 'Si musica,' inquit, 'est res quam fecisti, homo sum qui musicam deligam et eam fere tantam habeo, quanti cibum facio, et esuriens ego sic dico.'

'Bene utrumque enim praebeam, si vellis. Intra, amice, cur haesitas?'

Cui monstrum, 'Iam pridem, ex quo vivere coeperim, omnes se prae me contemnat. Pater oculos avertit, nemo ceterorum ob faciem meam ferre potest ut me antestet.'

'Qualis miseria. Sed tua mater?'

Ridens Monstrum, 'Matrem,' inquit, 'numquam habeo, nisi terram ipsam.'

'Duris asperisque, amice, et bonis quoque fatum est munificum, vide ne enim hic apud me recte concurramus, nam ab initio captus sum occulis, omnes mihi incogniti sunt, etiam parentes, solus domi neminem audio inter multos dies, menses etiam, nisi subinde per charitatem veneratores feras apportant, qua ferina elemosinam augere soleo, haud aliter vitam agito avis solitariae.'

'Tamquam egomet, Deus enim folia, tectum meum,

atque avium, fructus ramorum, panis mihi et eis, cum tempestatibus eripuit, adeo is desertum me atque eas sprevit.'

'Tamen, amice, Deus te huc adduxit.'

'Auribus musicam tuam excepi, senserunt nares alimentum coctum, Deus erat alio negotiosus.'

'Per Deum ipsum musica existit, nec frumentum crescit sine ipso. Alioquin, cuique autem est an cantet, vel metat, aut quidem beneficum in alios miserandos conferat, equidem gratias coelesti ipsi dabo quod possum in desolatione hac tribuere cibum, focum comparare, amborum maestitiam fortasse dissolvere.'

Quibus auditis, monstrum non iam potest retinere lacrimas et beat eum, qui unus optimus ab Deo procreatus sit.

7

Per brumales dies monstrum nostrum multas confiebat ut penuriae aerumnas mitigaret, velut materiam qua focus pasceretur, sarciretur tectum, supellectiles resarcit reficitque, ex agris fructus colligit, et cum occasio est data, feras cepit, et acriter ab ianuam lupos proturbabat, senex invicem eius tristiam repellebat cum musica et *sigaris* vinoque, igitur ibi ambo gaudii sicut regum placidum concordialemque obtinebant, dummodo, id quod agendi cura habebat monstrum, se celabat cum quique, ut monachi vel benevolenti, elemosinam intulerant, at observans illorum benignitatem is saepius et rursus sibi dicit, *Fortasse tales pudere se ipsum spernere, si accedat et senilem obtestetur, ob multa bona prolata, parem indulgentiam ad se aeque ad illum non omnino perperam porrigere debere?*

Haesitabat autem ob sollicitudinem quod malas res se commiserat, item eas in se illi, attamen iam coenobitam se poterat habere, qui perinde ac ceteri *Epicurum* colebat, qui amplium quaerat, praeter nescio quem lunaticum? Quocirca malit non generis humanum misericordiam experiri, usque ad diem fortuna alias res decernit, cum venali die benevolus homo inopinate visitat, conspicit illum, horrescit, certe, sed fortius aliis manet in loco, non minus durius aliis autem ubi primum intelligit commune in tugurio vitam innocentem agitare, senilem praecipit, propter tale quod foveat, quod Henricus F. exstruxisset e cadaverum partibus, sicut necatorem peperisset, se aliosque abominationem non toleraturos simul ac cibariam ob benignitatem suam dispensaturos. Abeundum esset illud.

Senex ei, 'Dehortari,' inquit, 'debeo ne tam ocius iubeas, non enim audies ut filium quis habeat sibi melius quam hic meus praebeat mihi, ita ut nequam tenere quae dicas, at egomet teneo, qui omnia ordinet, Deum, hoc filium adduxisse, qui tenebras meas relevat.'

Sed Monstrum potest videre vultum hominis et ut torvus sit, quo senilis verba in illius pectum ne paulo quidem descendere intelligit, itaque interpellat ut dicat, 'Pater, ne sordibus contamineris, quod rogat ago, sed non longe abero, semper enim intuebor num charitate incipis egere per illos malignatos, si sic, promissum commeatus abunde faciam tibi, ceteris magnam copiam dissimillimorum.'

Illico monstrum abit et vitam reintegrat apud arbores, quae absente frigido non iam marcescunt, potius folia pandare incipiunt, sed fructus nihil, neque scilicet, tam mutae quam caecae, verba faciunt. Ei pasci necesse est musco tuberibusque, pro senilis musica aves cantantes audiendae, ubi vult alium alloqui, apud se orationem habendam, interea autem numquam diu stationem destitit, se celatum, ut compertum senilis bene vitam agentis habeat et cum oculis videat, audiat cum auribus benignos, ut se nominant, eum non abuti sed demum, post aliquos dies, neve videt eius quidquam neve audit, perturbatum in domum init, senilem inventi esse mortuum, quamquam satis superque cibi in arca penaria est, ergo per maestitiam nec famem nec necessariam eum ablatum esse intelligit monstrum, tamen sibi dicit, Maestitiam sui culpam esse illorum qui se expulissent, etiam iam iniuste exsecrentur.

Ipsum pupugit item maestitia nec fatale, iam abitur in silvis erratum, sed mox, nimis rerum infelicium recordabatur, eo dementiae procedit ut in furorem cadat et ubi forte conspicit tres veneratores inter arbores serpere, existimat illos se petere, quibus vafre insidatur, intentum fatum praesumit extemplo eos crudelissime accipit et exanimatos e ramis pendit, ridens, 'Pascite bene,' inquit, 'corvi.' Dein eorum ferrea sibi rapit, quibus plumbeas glandes mittuntur velocissime et hostes admodum percutiantur.

Hoc est quomodo monstrum hominum venerator fiat, aliquot eorum mox interfecit, ita ut et exerceat, et corvi bene epularentur, sed mox nemo solus in silvas volens intraret, quod autem incommodum sit, oppidani impatientes tandem concurrunt armantes et cum multis canibus silvas ineunt, non ante autem quam monstrum callidum inter sepulcris profugit in hypogaeum, eos mature evadet, latet diu, iacens iuxta mulieris cadaver, quam meam caram nominat, sed subinde, cum noctu luna defecit, egreditur ut terrorem rursus inferat.

Nocte quadam autem in hanc vitam domesticam agitantes, homines quidam inculti suorum negotium in eum imponunt, quorum conscia Mulier anxia fit, maritum expergefacit, ut moneat, 'Vigila, mi sole, in domum infesti invaserunt.'

Sed fortasse haec audit in secundum quietem, nam ex muliere est merum silentium, vigilante autem vox alterius exaudit quae haec verba effatur , 'Hic manes fere olent.'

Alter, duo enim homines adsunt, 'Semper sum adversus sepulcris.'

Dein alius homo accedit. 'Quid cunctamini, stulti? Nil merebimini nisi cadaver mihi afferatis. Agete.'

Monstrum in tenebris propius se movet, vidit duos nefarios arcam refringere, corpus extrahere. Unus, 'Formosa est,' inquit.

Tertius, qui homo notus videtur, 'Bene dicis,' inquit, 'dummodo eius ossa sint firma. Recedite eo ubi locum habeo, expectate dum veniam et pecuniam darem. Nolite mihi adhinnire, negotiosus hic paulo remaneo. Abite, cura ne femellam nec demittatis nec tangatis.' Exprompta ferra vibrat. 'Dixi abeatis, agresti.'

Alii, 'Abeamus igitur,' inquiunt, 'nam non est locus idoneus in quo necatores morientur, sed peius nobis sit animi causa remaneamus.'

Relicto solo ab procacibus scurris tandem, ferra deposita, homo sepulcrum pro mensa cum pane, escis, cibaria alia et vasis vino completis, extruit, et postremo ad candelas flamma applicat, sedit ut vescatur, sed contra expectationem monstrum in tenebris alloquitur, scilicet iampridem sensit ibi adesse, ita levi voce, 'Advenias,' inquit, 'O Monstrum, participes, interim mecum de rebus novis confabulemur.'

Illud accedit, ferra sua tenens, mirans, 'Quis,' inquit, 'hominis es, qui cibum pro plumbea glande, pro verbero ostendas? Conspice me, quod est cur non horreas? Mulier mea mortua in quiete e me requisivit, Ob quam causam in domum nostrum irrumpant importuni mortales? Dum egomet, Qui essent homines atque quo modo domum invenissent?'

'Tibi respondebo singulis. Sum Sextus Pretorius,' inquit, 'et medicus et aeque ac monstrum tractatus ab universis, quod monstra feci, qui tui domui per speculatores compertum habeo, postremo visito et ad materia e loco afferenda et ut res tecum mihi sit, qua tibi prosim, attamen nunc quaeso ut mecum sumas et fames remittas.'

'En, igitur, convivale sum, neque sine gratia, sed post cibum, si verba facta non placuerint, necabo, quandoquidem adeo homines plerumque odi ut post senex meus caecus decessit, uno minus semper fore solatium ducam. Da vinum.'

'Accipe, igitur. *Sigarum* quoque.'

'Bene te utor, ob quam causam certe sine cruciatu te necabo.'

At Sextus P. vafer, tace tuetur obliquis oculis illud

dum, ventre repleto, minime iratum esse videtur, ambobus *sigaris* accendentis, adloquitur sic, 'Ut dixi,' inquit, 'prius me neces, verba volo facere, quae magni intersunt, quibus amicior mihi fias.'

'Sed iam haud scio an te necare nolim, cave igitur, cum verbis aliorum saepius ego incitatus fuissem, magis probabiliter est te innocentem abire, si aures meas non semel etiam periclitaris offendere.'

'Quae dicam, sic audeo censere, haec quodquod monstrum gaudio affecerint. Ego et tuus pater, Hericus F. nunc mea collega, una … '

Monstrum obstupefactus, 'Sed haec verba,' inquit, 'ipsa sunt imprimis, quibus fiam infeste tibi.'

'… una, amice, mulierem novam mea auctoritate aedificamus, formosam, quae generis tui te virum sibi accipiet, proles creabitis, mundi alterius conditores eritis.'

'Pater meus me reiecit, nihil praeter mala me accipere vult, qua causa tibi diffido. Ideo necabo.'

'Pater te non amat, non nego, nefas esse dico, at pater nondum scit quae velim, nam is existimat mulierem se mihi facere, quo pacto impetravi, sed volo mulierem tu in matrimonium ducas. Verumtamen, etiamsi promissit, et meam causam non aperte sprevit, is tamen haesitans, infirmus, opus saepius retinet retardatque, iudico igitur melius fore si tu minans eum cogas ocius exercere, et qua efficietur rationem commentus ero, credo enim si muliere egeas, item eum debere.'

Monstrum tunc demum iram remittit, quin etiam propter gaudium saltat, 'Prodigum,' inquit, 'das, qui et mulier viventem offeras et potestatem patri ultionis inferendi, quod etiam melius erit.'

8

Aliquot dies post, in turri saxea, sita remota ab oppido, in qua opificium habet Hericus F., ubi autem Sextus P. solus diutius, ut censet, exspectat, ex eo, cum non maturius advenisset, rogat quamobrem prius non adsit cum nunc praecipue multum sit conficiendum. Num membra artusque iam se suppeditet, cerebrum quoque quod incitavisset et nunc alat ab propia peritia? Ex sua parte promissium fecisse. Quando completam faciat?

Ille, 'Semper,' inquit, 'anceps fueram, ex pecto multo laborabam, statui autem nunc et intendo ad mulierem meam arcendam, ne contaminetur a nostro negotio. Adeo e te expostulo sive statim liberissime sine me nostrum dissolvere, sive magistratui nomen meum trade. Scito, traditus ego qualem te sis acclarabo proinde suspendemur ambo.'

Sextus Pretorius autem ridet et, 'Semper puto,' inquit, 'talia demum ex te accepturum foret me, praevidere debere. Ecce arca, meum machinatum. Animadverte habere aurem et bucca. Alia arca est in spelunca quae remota in silva cooperta est. Ubi tu hic dicis in aurem, ii, qui in spelunca nunc morantur, audient tua verba, quae eorum arca faciet, itidem omnia illi dicent invicem audiemus.'

'Mirificum, sed cum eo quo agis?'

Hilaris dein Sextus in arcae aurem locitur, 'O Monstrum, tecum in spelunca quis est? Dic, Henricus pater enim praesens vult tu confirmes suam deliciam inviolatam esse.'

Ex arcae bucca statim vox monstri emitur, 'Versuram certe nunc habeo, atque benignius tractatur a me quam ego a Patre, quamquam eius gulam caeco ne auribus meis gravius noceat, id quod fiet si fasciam removero. Sed sic facio, audi.'

Repentino magna quiritandi flagitii copia et stridoris excordis arcam effugiunt, auribus omnium retunduntur. Hericus paene ab consternatione prostratus, 'Vah,' inquit, 'delicia mea, Elizabetha, dicas te ipsam valere.'

Monstrum interpellat, 'Valet,' inquit, 'sed iam nimis e capite mei laboro, auribus certe capiam nisi fasciam rursus applicavero, non diu colloquemur, Sextus exponet qua ratione nostrum mulierum, tua meaque, cum spe mox constet.'

Hericus alta voce minatur ne male Elizabetham habeat, at arca silet.

Sextus, 'Mi Herice,' inquit, 'victus es, neque aliter foret, nisi cum Elizabethae anima dissolvi malis, tum mea, quod me adeo invides ut tua voluntate amborum cervicibus medeatur carnifex, sed laetius nobis discedemus, ut filius dixit, si nostra ratio constiterit, quo facto impeditus cum muliere abire potes et delinere omnia e recordatione.'

Sed diu consideranda haec verba Henrico sunt ante quam potest dicere, 'Visne monstrum mulierem habere, videre quales ea creent? Audias, iam enim recordor equidem fabellam canis parturientis, quae aliam rogasset ut fetum apud eam deponeret, impetravit, sed multos catulos inter tempus brevius eiecit, tandem, firmiores, turba facta, mater infesta noluit rogata umquam exire, et ei, quae misereret, quae in tugurium recepisset et tunc pace fruebatur, in vice non sina est misericordiam impetrare, cum suis multis posset facile superare.'

Sextus respondens, 'Pheadrum,' inquit, 'omnino non despicio, sed maturius times. Opus prius perficiendum est quam talibus terribilibus vacare mens possit, postea, si periculum ortum erit, aeque ac nobis placet nunc vitam creare, cras extinguere nitemur, atque eo, ubi alii viderint ut novos hostes ex vita exigamus, honores, quantocumque aestimentur, afficient. Fortasse. Nunc, quo celerius operamus, eo temporius mulierem complecteris.'

Henricus compescens mentem nec volens tempus in disputando terere, tacet et sine plus dilationis incumbunt ad corpus mulieris novi componendum. Postremo cor est ultima pars quod instituendum est, dummodo prius comprobatum esse possit, neque eis obtigit cor defectum capisse, eoque alium requirant, id quod fit, necesse sit Sexto e cella duos, qui bustirapi supra descripti sunt, evocat, iubet abire continuo et cor femellae nuperrime mortua subreptum illuc referre, ne in caupona commorentur, aliter eis maturioribus grandiorem pecuniam ipsum sit iniecturum. Illis cum ardore profectis ocius expectatione cum corde integro revenitur.

Id inspiciens Henricus, 'Immaculatum,' inquit, 'etiam nunc tepidum, ubinam invenisti?'

Unus, 'E vigile quoddam legis observandis,' inquit, 'recepimus pro pecunia. Tepidum quod aestuosus est dies.'

'At cur e vigile, non sepulcro?'

Alter altro ocellis subiectis, ambo coguntur dicere,

'Res femellae ... criminalis erat.'

Sextus P. impatiens interpellavit, Maestam esse, sed non posse se de re sollicitari nunc nunc.

Sed Hericus, trux, burstrapis pecunia accepta decessis, queritur, 'Satis superque iam habetur indignatae mulieri, quae in pare pericula est apud tales quales coles. Abito in malam rem et peream si adiuvabo prius monstro imperas et quamprimum meam huc refert.'

Respondens ille, 'Denique,' inquit, 'livorem tui nihil repudiabo, nisi uno gradu amplius progrediamur, id quod est ut cor sit impositum, ex quo confecto recipies eam sine mora, promitto, postea, nympha monstri expergefacta, te cum famella libenter neque id flagitavisse una innocentes domum petitum abire posse.'

Hericus acerbe, 'Mirifice dicis,' inquit, 'mi amice. Videre erit credere, itaque per tuam incredibilem arcam, quam *telephonema* nominemus, confestim tu iube monstrum meam reducere antequam agimus aut non agemus rem cordis.'

Statim id fecit, deinde ambo periti chirurgi brevius quam quisquam possit, cor trunco adaptum venis magnis adnectunt, interiores partes involutas cludunt insuuntque. Dum tandem Hericus opus perficit, Sextus abit inventum monstrum, quocum haud post et Elizabetha, quae silet ob opstructum os, regreditur, sed Hericus statim fascem removit neque illa stridorem facit, potius implorat ut is ipsam abducat, statim insanum monstrumque effugant.

Ex sua parte is hortatur ne metuat, ut haud diu expectet dum minuto officio perfungatur, interim angulum teneat, melius fore quae acturum sit non conspicere. Obtemperat.

Iam tum vesperascit, incipit cataegis oriri, et monstrum, 'Audite,' inquit, 'natura ovans aliam Hevam salutat.'

Properantes viri agitant machinas, quae animam in corpus novo sanguine completum infundunt et ecce, mulier spirare incipit, se movet, dein quod sapientiores sint omnibus aliis, illi ambi valde gaudent atque adeo monstrum gratulantur quod sponsum est factum, quare obliviscuntur animos ad mulierem extendere et inobservata ea vagari coepit, oculis a fasciis opertis caeca appropinquare Elisabethae, quae ob terrore magis sonat quam tonitrus. Ceteri celeriter succurrunt, reducunt, fascias evolvunt, formosissimam femellam detegunt.

'Ecce,' inquit Sextus, 'nympha. Sophos, Henrice.'

Mulier nova ad Henricum se vertit, 'Sponsusne,' inquit, 'est hoc lepidus vir?' Eum amplectit. 'Dic, mi cor, locuples et pecuniosus es tu?'

'Ita vero, sed uxorius quoque, vide meam mulierem in angulo.'

'Video ut splenica quidem sit. Rixam promittit, ut censeo. Te libero igitur. Alter vir minus delectabilis, sed species mortalis non magnam partem esse dicitur. Doce, quaeso, te opulentum certe esse?'

Sextus, 'Iam dudum,' inquit, 'id confidendum est, quod penuria maculatus sum, insuper elumbis.'

'Nihil pecuniae, dicis? Num ego tam iucunda rivalibus egeam? Luctuosum, rediculum etiam est me in tale tenue mundum exsuscitari.'

Sextus respondens 'Noli animum dimittere,' inquit

gaudens, 'modo verte, hic sponsus est.'

Vertitur nunc cupida mulier, haud diu autem contemplatur monstrum antequam stridorem ad caelum tollit. 'Dee supere,' inquit, 'omnino eum nihil moror, etiam si montes auri habet. Tam male audiam, si umquam me duxerit. Valete'

Statim e turri ocius currens petit alium locum per silvas, ubi, in oppido fortasse, auri fossor, vel argentarium pro marito sibi contrahat, vel etiam scorta fiet.

Monstrum frigide, 'Hystericam una plus,' inquit, 'generavistis, quamquam tot iam existunt. Quid nunc, igitur, vos infandi homines, dicitis quod hic fiat?'

9

In aedibus quas habet Gordon Byron, Mary, fatigata tanto multo enarrando, poposcit aliquantum vini e marito, quocum se reficeret.

Percy attentus ut semper, continuo ministravit.

Mary, 'Aliquid,' inquit, 'temporis sinatis mihi, precor, antequam adeo fabulor quae sint relicta.'

'Equidem,' inquit Gordon, 'miror quod audissem, haud satis laudere possum, incitatus autem nimis impatiens quidem non possum quin temere audeam monstri interrogato respondere, credo igitur turrem fulmen tetigit, Iuppiter enim valde lividus id egit ut peccatores ad unum conflagrarent, demum cremabuntur.'

Percy, 'Tu,' inquit, 'et Iuppiter, paene gemmini estis, Iuppiter autem omnino non esse aestimem, sed de hoc non plura. Equidem egomet magnam copiam pulveris pyrii in turri instituam fuisse a Pretorio existimo, qua, si circumdatus ab inimicis sit, omnia ad nihil redigeretur ne eius arcanas eriperent illi, quos odisset, sed monstrum, quod non iam posset solitudinem in futurum patere, ipsum universalibus per rem excidium dare. Sed quid tu, Mary, siquidem refecta es?'

'Sum, et aliter enarro, si veniam recipiam, etiam modo recenseo de muliere nova, et nunc habeo quod ea per silvas currens obviam filio regi facit, qui eam brevi ducit, postea autem malas innumerabiles in regnum inferre infestam feminam, dum enim divitias cupidissima, tamen semper simularet cura sibi pauperes esse et, completa bili, maledicere perpetua patrem mariti et matrem, et fratrem et praesertim eius mulierem.'

'Quid de Herice Elizabethaque?' Rogata est ab duobus viris, qui nunc valde volunt audire cuius versio approbabitur, ut fit, cum sit aemulatione inter homines orta.

Mary, 'Monstrum,' inquit, 'eos contempsit, sed non suum erat sine ratione exstinguere, aut ignoscere, ita patrem et eius sponsam dimittit, ut mulier hysterica Hericum surdum redderet per annos multos lamentabiles, poenas per quod satis daret. Sed Sextum Pretorium non lubuit abire, contra, sibi rapit, pro muliere eum adhibuit in remota terra, idcirco ut, se ingenio magno praeditus, minus ipse vexaretur taedio in solitudinibus neque mentis doloribus succumberet, de multis cum philosopho una ambo concinni dissere possent, licet in raris silvis ad hoc tempus auribus innocentium ferarum aviumque ab ululatio praeclari huius viri subinde inter congressum valde noceat.'

Tunc demum quidem viri hilares ridentesque, 'Tuum monstrum,' inquiunt, 'te criminabitur, quod feceris libellum famosum.'

FINIS

Ab eodem:

Iamiam Apocalypsis

Iter ad Medium Terrarum Orbem

H. P. Lovecraft's Herbert West Re-animator in Latin

www.ingramcontent.com/pod-product-compliance
Lightning Source LLC
Chambersburg PA
CBHW060610080526
44585CB00013B/766